Marc Bessin et Hervé Levilain

Parents après 40 ans

L'engagement familial à l'épreuve de l'âge

Autrement **Mutations** – N° 268

Introduction
La parentalité tardive au-delà des normes

Depuis plusieurs années, les maternités tardives ont fait leur entrée sur la scène médiatique des problèmes de société, sous les traits de la cadre battante qui découvre, quadra, qu'après avoir prolongé sa jeunesse à obtenir ses diplômes, elle s'est trop investie dans son travail au point d'en oublier d'avoir des enfants. Le plus souvent, ce discours médiatique explique le phénomène des maternités tardives par un affaiblissement des normes d'âge, présenté comme caractéristique de nos sociétés contemporaines. Le défaut d'intégration des normes et la valorisation excessive de la jeunesse (le jeunisme) les conduiraient en effet à une dénégation du vieillissement, dont l'enjeu serait une transgression à la fois sociale (refus de vieillir), anthropologique (risque pour la transmission) et biologique (risque médical). En articulation avec les normes d'âge, ce discours interroge également le travail et l'activité féminine : la maternité tardive renverrait alors aux difficultés pour les femmes diplômées et entrées tard sur le marché du travail à arbitrer entre activité professionnelle et maternité. Parfois encore, dans les médias, les maternités tardives alimentent la dénonciation des dérives de la science :

les effets délétères de l'affaiblissement des normes d'âge seraient renforcés par la toute-puissance médicale qui, par le biais de la procréation médicalement assistée (PMA), donnerait aux femmes la fausse assurance de pouvoir avoir des enfants à tout âge. On le voit, c'est ici la grandeur des questions posées en termes de normes, de valeurs ou de choix qui fait l'importance de ce problème de société. À l'inverse, l'ampleur du phénomène et son homogénéité ne sont jamais discutées, de même d'ailleurs que la question de savoir ce qui caractérise, au-delà de l'âge de la mère, ces situations de maternité tardive. Or, il s'avère que, du point de vue démographique, ce phénomène n'a pas le caractère univoque qu'on lui prête souvent.

Quelques idées reçues à combattre

En effet, alors qu'il est souvent décrit comme un problème des sociétés de la modernité, dans les faits, le phénomène des maternités tardives s'inscrit dans une histoire plus longue : celle des familles nombreuses. Pendant longtemps, pour une femme, avoir un nombre élevé d'enfants augmentait la probabilité d'en avoir à un âge avancé, même si l'âge moyen au premier enfant était lui-même moins élevé qu'aujourd'hui. Ces maternités tardives liées aux familles nombreuses n'étaient pas perçues comme un problème de société. Mais, pour beaucoup de mères, une telle maternité n'était pas sans poser problème, si bien que, pour la génération de mères tardives des années 1960, cet événement apparaissait fortement ambivalent. Vécu comme quelque chose de « naturel », il pouvait aussi bien représenter un fardeau supplémentaire pour sa vieillesse qu'une manière positive d'entrer autrement dans celle-ci. À partir du début du XXe siècle, les familles nombreuses se sont raréfiées et, avec elles, les maternités à 40 ans et plus. Ces maternités tardives ont ainsi connu une « longue et forte baisse », passant entre 1901 et 1980 de 6,5 % du total des naissances à 1,1 %[1].

Sans être négligeable, le phénomène contemporain n'a pas l'ampleur démographique qu'on lui prête. Certes, depuis les années 1980, les maternités tardives tendent à augmenter – ce qui est d'ailleurs bien souvent mis en avant pour montrer le caractère prétendument nouveau du phénomène. Pour autant, il faut relativiser cette augmentation car la proportion de maternités tardives est très loin de son niveau du début du XXe siècle. Les maternités tardives ne sont pas non plus homogènes : liées aux familles nombreuses au début du XXe siècle, elles concernent aujourd'hui aussi bien des familles nombreuses, des familles monoparentales (des femmes, le plus souvent, ayant un enfant qu'elles vont élever seules), que des couples restés jusqu'alors sans enfant. Surtout, un grand nombre de naissances tardives ont désormais lieu dans des familles recomposées (où l'un des parents, au moins, a déjà eu des enfants avec un autre conjoint) ; leur part tend même à augmenter au fil du temps. C'est ainsi que la proportion de mères tardives ayant eu des enfants avec plusieurs conjoints double entre la génération de mères née avant 1930 et celle née dans les années 1940, passant de 7,4 % à près de 16 %. Enfin, cette diversité des contextes familiaux s'accompagne d'une hétérogénéité du point de vue de l'activité, du diplôme ou de la profession exercée par les parents[2].

En croisant ces différentes caractéristiques avec le nombre d'enfants, on constate une bipolarisation du phénomène des maternités tardives avec, d'un côté, des catégories populaires où les familles sont plus nombreuses, les parents souvent immigrés et la mère généralement inactive et, de l'autre, une population plus diplômée, constituée d'employés, de cadres et de professions intellectuelles supérieures, où les familles sont plus malthusiennes et les couples plus souvent biactifs. Tout n'est donc pas faux dans le portrait médiatique des mères tardives en femmes battantes. On peut noter par exemple que, depuis les années 1980, les naissances tardives de premier rang augmentent sensiblement : ainsi, alors que dans la génération de femmes nées entre 1940 et 1949 une mère tardive sur six (14,8 %) n'a eu qu'un seul enfant, cette proportion tombe à 6,8 % pour la génération des mères tardives d'avant 1930. De même, le phénomène de l'enfant unique sur le tard est plus important chez les femmes cadres et diplômées, celles-ci donnant d'ailleurs naissance plus souvent qu'auparavant après 40 ans.

Cependant, toutes les situations de maternité tardive ne correspondent pas à ce modèle de la « battante » car seulement une mère tardive sur dix répond à ce profil. Cette proportion est importante dans la mesure où moins de 10 % des femmes sont cadres – ce qui fait que celles-ci sont surreprésentées parmi les mères tardives. Toutefois, 90 % des mères tardives sont plus proches des catégories intermédiaires ou populaires et beaucoup sont « inactives », au sens où elles n'ont pas déclaré exercer d'activité. Dans tous les cas, cette diversité des profils interroge le postulat d'un affaiblissement des normes, qui ne semble pas permettre d'expliquer l'ensemble des situations de maternité tardive.

L'émergence de nouvelles normes

En analysant le phénomène des maternités tardives, mais aussi des paternités tardives, autrement dit de la parentalité tardive, cet ouvrage discute la lecture médiatique qui en est faite. Tout d'abord, il élargit la perspective : on l'a vu, la femme battante n'est qu'une figure parmi d'autres de la maternité tardive, et si elle est souvent mise en avant, c'est parce qu'elle permet de décliner à peu de frais tout un discours sur l'affaiblissement des normes d'âge. À rebours de celle-ci, il s'agit de rendre compte de l'ensemble des configurations, sans privilégier l'une ou l'autre. Familles nombreuses encore, mais aussi monoparentales ou recomposées, couples ayant tardivement leur premier enfant (familles hypermalthusiennes) : autant de configurations où la question de l'âge n'est pas sans enjeu. En effet, très souvent, l'âge est au centre du récit que font ces individus de la manière dont ils sont devenus parents tardifs et de la signification que revêt pour eux cette expérience. Il reste bien sûr de grandes différences entre ces diverses configurations quant aux manières dont l'âge va jouer. Dans les familles nombreuses, on peut ainsi parler d'une logique de *répétition* pour des naissances qui se succèdent les unes aux autres. À l'inverse, dans les familles recomposées, les naissances tardives renvoient bien plus à une logique de *refondation* puisqu'elles s'inscrivent dans le cadre d'une nouvelle union. Enfin, les familles hypermalthusiennes que constituent les couples ayant tardivement leur premier enfant correspondent davantage à une logique d'*ajournement*. L'âge n'agit donc pas de manière univoque : il prend des significations différentes en fonction du contexte familial mais aussi conjugal de la naissance.

Par ailleurs, avoir un enfant ne se réduit pas au fait de la conception et la parentalité contemporaine est fortement travaillée par la question du contexte de la naissance : les conditions nécessaires pour avoir des enfants mais aussi pour engendrer. Rappelons une banalité en forme d'évidence : la famille a beaucoup changé depuis les années 1970 et on ne fait plus famille aujourd'hui de la même manière qu'au début du XXe siècle. À partir des années 1970, la contraception bien sûr, mais aussi la prolongation de la jeunesse, accompagnées d'une plus grande égalité formelle entre hommes et femmes sont venues bouleverser le moment et les manières de passer à la famille ainsi que l'institution familiale elle-même. Dans ce contexte, les logiques d'engendrement se sont transformées dans le sens d'une plus grande liberté apparente quant au *choix* d'avoir des enfants, au *projet* qui lui correspond mais également au *moment* pour le concrétiser. L'éducation, favorisant davantage l'autonomie des enfants, et la transmission, qui passe désormais plus par l'école, n'ont plus les mêmes logiques. Pour une femme, la maternité n'est plus la seule forme d'accomplissement possible. L'injonction faite aux hommes d'assumer autrement leur paternité est aujourd'hui plus forte – ce qui n'implique pas qu'elle se traduise dans les faits.

Il serait erroné de penser que cette plus grande liberté de choix fait disparaître toute forme de contraintes. Au contraire, de nouvelles normes se déploient, parfois contradictoires, et les individus (surtout les femmes) peuvent, sous condition, être amenés à arbitrer entre elles. C'est ainsi, par exemple, que les contraintes pesant sur le choix du conjoint augmentent à mesure que la figure du partenaire conjugal se dissocie de celle du parent : certaines personnes mettront ainsi beaucoup de temps à trouver la « bonne personne ». Parfois, c'est la qualité de la relation de couple qui ne permet pas d'envisager d'avoir des enfants. Autant que la famille, le couple a perdu de sa netteté, ce qui rend moins évident le passage de l'un à l'autre, et par conséquent le moment où l'on peut mettre à l'ordre du jour la question d'avoir des enfants. Faire carrière, être avec quelqu'un, avoir des enfants, les éduquer : autant de normes qui s'articulent plus ou moins facilement, et plus ou moins vite, amenant certains individus à se mettre en couple tardivement, d'autres à rester longtemps en couple sans avoir d'enfant et les derniers enfin à refaire famille sur le tard...

L'épreuve de l'âge, pour les mères et pour les pères

La parentalité tardive désigne ce processus tout à la fois temporel et biographique par lequel des hommes et des femmes sont amenés à avoir des enfants à un âge avancé, fixé par convention pour les premiers à 45 ans et, pour les secondes, à 40 ans[3]. Deux séquences organisent ce processus : la première renvoie au « retard », aux logiques ayant amené certains couples et individus à ne pas avoir d'enfant à l'âge où d'autres en ont ; la seconde davantage aux logiques de « rattrapage », les amenant à avoir des enfants à l'âge où les autres n'en ont plus, mettant alors en jeu le sens que cet événement va prendre. Ce processus intègre ainsi des éléments « objectifs » liés aux calendriers, au temps nécessaire pour faire carrière, trouver un conjoint, s'installer ou encore concevoir un enfant (ou parfois adopter), mais il a également une dimension biographique marquée. Les histoires de chacun, les valeurs que l'on veut porter, les obstacles rencontrés donnent sens à la parentalité et à son caractère tardif. Enfin, il ne faut pas oublier que ce processus s'étale dans le temps ; un temps irréductible au seul fait de la conception. Dans le cadre contemporain, *devenir parent* suppose un projet parental et un travail sur soi. Mais ce projet n'est pas seulement individuel, il engage aussi le couple et suppose dès lors un travail conjugal. Le désir d'entrée dans la parentalité peut être parfois explicite et faire très vite l'accord entre les conjoints ou, au contraire, marquer leur désaccord sur la question. Il peut, à l'opposé, être plus implicite, quand c'est au travers d'interactions discrètes (l'oubli de la pilule revient souvent dans les récits) ou de demi-mots que les choses se disent et sont signifiées entre conjoints.

Loin de renvoyer au seul défaut d'intégration des normes, la parentalité tardive contemporaine se décide ainsi au gré de négociations entre hommes et femmes (dans le cadre conjugal d'une reproduction sexuée). L'âge pèse fortement dans ces négociations, mais de manière différente selon le sexe. En raison d'un calendrier de fécondité moins resserré, les hommes disposent en effet de plus de temps que les femmes pour avoir des enfants – ce qui revient à dire qu'ils sont moins exposés que les femmes aux effets du vieillissement. Cette inégalité n'est pas sans conséquence sur des négociations conjugales dont le tempo est donné par l'âge de la femme et sa proximité de la quarantaine. Comprendre la logique de la parentalité tardive suppose ainsi de reconstituer le contexte de négociations amenant des couples à se faire à l'idée d'avoir des enfants, et la place que peut y prendre l'inégalité des calendriers masculins et féminins.

C'est ainsi qu'à l'encontre du discours sur les maternités tardives, qui néglige d'ailleurs les inégalités de genre, nous voulons ici nous intéresser tout autant aux pères tardifs qu'aux mères tardives. On oublie en effet souvent que, du fait de l'écart d'âge entre conjoints, à une mère « âgée » correspond bien souvent un père plus « âgé » encore. Le sociologue Michel Bozon a ainsi montré dans les années 1990 la persistance d'une logique d'écart d'âge entre les hommes et les femmes[4]. Cette logique prévaut chez les parents tardifs, puisque l'enquête statistique que nous avons menée montre que les pères tardifs sont, en moyenne, de dix ans plus âgés que leur conjointe. Cet écart d'âge important peut expliquer le second constat statistique : depuis les années 1980, l'augmentation des naissances tardives est plus forte chez les pères tardifs que chez les mères tardives. Ainsi, alors que les enfants étaient plus souvent tardifs « par la mère » que « par le père », la tendance s'est inversée et, depuis les années 1980, la proportion de pères tardifs tend même à dépasser légèrement celle des mères tardives[5]. Les pères contribuent donc plus que les mères au phénomène dans la période récente : à ce titre également, le cliché de la « mère tardive cadre » apparaît réducteur. On pourrait nous objecter une hiérarchie des risques ; il y a, pour les maternités tardives, un risque médical qui n'existe pas pour les pères, ce qui pourrait jouer sur leur désir d'avoir un enfant après 45 ans. Cependant, si les enjeux d'une paternité tardive sont différents de ceux d'une maternité tardive (ne serait-ce qu'en termes médicaux), ils n'en sont pas moins bien réels puisqu'ils touchent, au-delà de la conception, à l'éducation et à la transmission, donc au rapport à l'avenir. Les hommes sont souvent plus âgés que leur compagne (du fait de l'écart d'âge), ils ont de plus une espérance de vie statistiquement plus faible que les femmes… Lorsqu'ils ont dépassé les 45 ans, la question de leur devenir sur vingt ans – aux 20 ans de leurs enfants – peut se poser, parfois de manière exacerbée. Il ne s'agit donc pas d'opposer un risque à un autre, ou une hiérarchie à une autre, mais de comprendre comment les couples et les individus perçoivent ces différents risques liés à l'âge, dans l'optique d'avoir des enfants et de faire famille.

De nouvelles manières de faire famille

Dans l'analyse de la parentalité tardive, la question des âges est donc primordiale. Les hommes et les femmes vivent leur jeunesse, en sortent en fondant un couple, puis une famille... Ces séquences du parcours des âges et leur enchaînement ont subi de nombreuses mutations ces dernières décennies. C'est un fait, la jeunesse n'a plus aujourd'hui la même définition que dans les années 1950. Pour les garçons, sa fin n'est plus marquée par un critère d'âge, mis en œuvre par l'institution du service militaire[6]. Pour les filles, l'entrée dans l'âge adulte n'est plus déterminée par le mariage et la maternité.

Le passage du couple à la famille est désormais moins évident et moins fortement déterminé. Avant de passer à la famille, un grand nombre de couples vont éprouver, pendant un temps plus ou moins long, la solidité des liens conjugaux. D'autres vont faire le choix, pour vivre leur jeunesse, de ne pas avoir d'enfant ou de retarder cette échéance. Entre sa famille d'origine (celle de ses parents) et la constitution de sa propre famille viennent s'intercaler différentes situations intermédiaires de mises en couple. À l'autre extrémité du parcours, à un âge plus avancé, des couples se reconstituent, parfois après un divorce, ce qui peut conduire à des recompositions familiales. Les individus peuvent dorénavant connaître plusieurs vies de couple et plusieurs familles. On peut ainsi dire qu'à un modèle relativement standard du parcours des âges, fortement institué (par le mariage par exemple) et « chronologisé » (notamment par le service militaire), se substitue donc un modèle moins standard et plus labile[7]. Et c'est bien cette transformation qui est au centre de nombre de configurations de parentalité tardive.

C'est, par exemple, le cas des recompositions familiales, qui sont à la fois liées à une redéfinition des manières d'être et de vivre en couple et au calendrier du « faire famille ». Dans ces situations de recompositions, les naissances tardives sont à mettre en rapport avec le calendrier de la remise en couple : les individus reforment souvent un couple après avoir eu (et parfois vu grandir) leurs premiers enfants, ce qui les amène d'ordinaire au seuil de la quarantaine. Ainsi, alors que dans les familles nombreuses, les naissances tardives sont dues au prolongement de la vie féconde dans le couple, dans les familles recomposées, elles sont davantage liées à une reprise de la vie féconde dans le cadre d'une nouvelle union. Dans ces deux configurations, une même question – celle de l'âge – renvoie à deux calendriers bien distincts : l'un, marqué par la répétition des naissances, est de type continu, au contraire de l'autre qui, en articulant remise en couple et naissance, est nettement discontinu. L'analyse n'est guère différente s'agissant de couples ayant leur premier enfant tardivement ou de personnes ayant mis longtemps – plus que la « normale » – à trouver un conjoint prêt à avoir des enfants : qu'il s'agisse d'une prolongation de la jeunesse ou de la vie de couple, on y trouve cette même question de la variation du calendrier, liée à une nouvelle définition des âges de la vie.

Pour autant, la question de la parentalité tardive ne se réduit pas à celle des calendriers et de leur éventuel décalage. Car, dans ce cadre, les manières de faire couple et de faire famille se sont tout autant transformées. De fait, l'expérience sociale que constitue la parentalité tardive n'est en rien comparable à ce qu'elle pouvait être jusque dans les années 1960, voire au-delà dans certains milieux comme le monde paysan, où les transformations des années 1970 sont intervenues plus tardivement (chapitre 1). La nouvelle manière de passer du couple à la famille et, plus largement, de « faire famille » se veut aujourd'hui plus réflexive, à la fois moins « naturelle » et moins dépendante des institutions (chapitre 2). La contraception permet désormais de mieux programmer les conceptions et de les inscrire dans un projet conjugal. À partir des années 1970, ce projet de couple devient d'ailleurs déterminant. L'absence de stabilité affective ou, au contraire, une vie conjugale riche et épanouie, parfois aussi un grand investissement professionnel ou militant : les logiques qui poussent les individus et les couples à prendre du retard sont multiples. Certains ne voient pas le temps passer ; d'autres n'ont pas de prise sur lui. C'est ainsi une grande diversité d'événements, liés à leur histoire personnelle et conjugale, qui va amener certains couples et individus à ne pas avoir d'enfants à l'âge où d'autres, parfois dans leur entourage proche, en ont. Cette diversité des expériences et des parcours conjugaux et familiaux montre qu'un nouveau standard, paradoxal, s'impose à cette époque : celui de la déstandardisation d'un parcours des âges organisée autour de la recherche de nouvelles formes d'accomplissement, en particulier pour les femmes. Aux yeux des individus concernés, la singularité de ce parcours atypique vient renforcer le sentiment d'une parentalité « à l'inverse » des autres, véritablement choisie et éprouvée.

Les expériences de la parentalité tardive

La parentalité tardive n'est donc pas seulement affaire de destins individuels. Elle renvoie aussi à des formes d'expériences largement partagées. En premier lieu, celle de l'écart à la norme. Elle peut se faire ressentir quand l'entourage se met à avoir des enfants ou, en particulier pour les femmes, sous forme de rappels à l'ordre des âges devenant plus explicites lorsque approche la quarantaine. La venue tardive d'enfants ne suffit pas toujours à gommer ce sentiment de fort décalage. Autre expérience partagée, celle de l'urgence du calendrier, vécue souvent différemment par les hommes et les femmes. L'entrée dans la parentalité tardive ne correspond pas toujours, loin s'en faut, au choix positif d'un couple se retrouvant autour d'une programmation. Cette expérience est, dans un certain nombre de cas, celle de la réticence d'un conjoint qu'il faut convaincre. Il arrive également que le couple ne parvienne pas à concevoir. Parfois encore, c'est la question de l'avortement qui se trouve posée, lorsqu'une conception inattendue advient. Dans les faits, loin de se conformer au modèle idéal du projet conjugal partagé et de la programmation, l'entrée dans la parentalité tardive résulte largement du jeu des négociations entre conjoints : âge, moment dans la carrière, désir d'enfant, attachement au couple sont autant d'arguments pour convaincre (chapitre 3). Au centre de ces questions réside une profonde dissymétrie liée au genre : celle de l'inégalité de calendriers de conception. En effet, les hommes, pouvant avoir leurs enfants à un âge plus avancé que les femmes, ont tendance à vouloir prendre leur temps, au contraire de ces dernières, prises par un fort sentiment d'urgence à la quarantaine. Pour beaucoup des couples que nous avons rencontrés, l'entrée dans la parentalité tardive s'est faite dans le cadre d'une épreuve certes conjugale, mais aussi individuelle. Car au fil de ces négociations, au travers des écarts d'âge, des inégalités entre hommes et femmes ou des différences de parcours, c'est bien la question de l'âge réel et du vieillissement de chacun qui se voit posée.

Avoir un enfant sur le tard marque souvent une rupture dans la biographie. Cela nécessite parfois de « s'y remettre », d'investir autrement le couple et la famille, de repenser ses engagements, de réfléchir à la transmission et à l'éducation. Certains hommes qui avaient fortement résisté au fait d'avoir des enfants sur le tard se ravisent et investissent pleinement ce tournant dans leur existence. Selon les époques et les configurations, les enjeux d'une parentalité tardive tendent à varier. Mais il se dégage des nombreux discours des parents interrogés le même sentiment : ils ont eu à surmonter une épreuve, une difficulté, dont ils sont sortis grandis. On est ici au-delà de l'affaiblissement des normes. Ils se sont engagés et doivent « tenir », parfois malgré leur âge. Leur rapport à l'âge apparaît, de ce point de vue, fortement ambivalent. L'âge est, dans certains cas, ce qu'il faut dépasser, permettant alors aux parents tardifs de résister au vieillissement (chapitre 4). Mais il est aussi ce qui rattrape, au travers d'un sentiment de fatigue. On peut ainsi dire que le rapport à l'âge s'est modifié et que les normes ont perdu de leur valeur impérative : elles s'imposent moins qu'elles ne sont négociées et reconnues par les individus.

Cette analyse proposée de la parentalité tardive s'appuie sur des récits biographiques faits par des hommes et des femmes devenus tardivement pères et mères. Ces récits d'une durée souvent longue (2 heures ou au-delà) permettent en effet de comprendre la logique d'entrée dans la parentalité tardive mieux que ne le permettrait un questionnement plus synthétique sur les raisons pour lesquelles on devient parent tardif. En décrivant, souvent dans le détail, leur vie affective, familiale et conjugale, parfois professionnelle, ils nous font ainsi beaucoup mieux comprendre comment, dans une période donnée, on est parfois amené, y compris à son corps défendant, à ne pas avoir d'enfant à l'âge où les autres couples en ont, pour en avoir ensuite à l'âge où le plus souvent ils n'en ont plus. Malgré leur apparente singularité, ces récits déploient le fil d'une histoire collective et montrent la transformation, dans les années 1970, des manières de faire famille et des logiques de la parentalité tardive. On ne devient pas parent tardif de la même manière (ni en donnant les mêmes raisons) dans les années 1950 et dans les années 1980. Pour donner la mesure de cette transformation, il nous faut d'abord décrire les formes prédominantes de la parentalité tardive jusqu'aux années 1960.

La parentalité tardive des années 1960 : le *tardillon* et le *redo*

Pendant longtemps, la parentalité tardive a été liée au phénomène des familles nombreuses. Si celles-ci y contribuent encore de nos jours, d'autres formes de parentalité tardive peuvent être observées dans d'autres configurations familiales. Ces formes contemporaines de parentalité tardive sont à rapprocher des transformations du couple et de la famille. Nous le verrons par la suite, depuis les années 1980, de nouvelles logiques ont amené des hommes et des femmes à avoir des enfants à un âge avancé. Mais si l'on veut donner la mesure de ces transformations, il faut rappeler le cadre dans lequel, jusqu'aux années 1960, survenaient ces naissances tardives.

Il est évident qu'à l'époque la taille des familles était un déterminant majeur de naissances tardives : un grand nombre d'enfants augmentait la probabilité d'en avoir à un âge avancé. Pour autant, la parentalité tardive ne se réduisait ni à la question du nombre d'enfants ni à celle du contrôle des naissances : elle mettait en jeu, plus fondamentalement, tout un cadre d'interprétations et de pratiques qui faisait de la parentalité tardive une véritable épreuve pour les familles, et surtout pour les mères.

Les relations hommes-femmes, les formes de la transmission, le travail de *care*[1] dans les familles sont ainsi autant de facteurs déterminant la manière dont ces naissances sont alors perçues et viennent s'inscrire dans l'ordre des générations. Les expressions *tardillon, redo, enfant ravisé* traduisent les logiques propres à ces naissances tardives dans le contexte des années 1960.

Un calendrier des naissances imposé par la *nature*

Dans les récits des mères des générations d'avant 1960, la tardiveté semble résulter d'un principe de détermination externe. C'est d'abord la *nature* qui, pour la plupart de ces femmes, vient imposer sa loi et justifier le grand nombre d'enfants lorsque ceux-ci se succèdent, parfois malgré les précautions prises. Elle impose aussi son calendrier, si bien que, pour beaucoup des mères tardives de l'époque, le dépassement des limites d'âge apparaît lui-même comme « naturel » et attaché à la féminité. Dans le contexte d'avant les années 1960, la maternité tardive est la figure d'un destin individuel pour ces femmes qui disent d'ailleurs souvent qu'elles étaient « faites pour avoir des enfants ».

Ce modèle d'engendrement par la nature[2] – renvoyant à la figure d'un pouvoir naturel et irrépressible des femmes d'enfanter[3] – est prégnant dans les configurations de familles nombreuses où le nombre d'enfants mais surtout la fréquence rapprochée des naissances viennent témoigner de l'impossibilité d'échapper à ce destin. Et, dans ce cadre, ce sont parfois les circonstances de la vie sociale (l'éloignement des époux, par exemple) qui, régulant les relations conjugales, vont venir régler la périodicité des naissances.

C'est, par exemple, ce que l'on retrouve chez Miranda, mère d'une famille nombreuse, où le rythme des naissances est dicté par les absences de son mari. À cette époque, le calendrier des naissances suit celui des déplacements migratoires – ce qui s'observe encore aujourd'hui dans certaines familles connaissant des migrations. L'âge au moment du départ pour un autre pays ou une autre région, l'ancienneté du couple, les modalités d'installation de l'homme – souvent le premier à émigrer dans les générations les plus anciennes –, puis le rythme des retours au pays et, enfin, le délai du regroupement familial sont autant d'événements qui vont venir déterminer et ponctuer les naissances[4].

Miranda est née en 1920 en Sicile, d'une famille ouvrière de cinq enfants. Elle est allée à l'école quatre ans puis a aidé sa mère jusqu'à son mariage à 18 ans. « Comme je vous dis, j'étais à la maison, je faisais le ménage. Après je faisais de la couture, je me faisais des affaires, je faisais des affaires à mon père qui travaillait dans les machines. C'était des costumes. Il était content, très content mon père. Et moi, je me faisais des robes. » Après une première tentative de la famille pour la marier avec un cousin parti à Tunis, c'est avec un autre Sicilien, maçon, de neuf ans son aîné, qui était aussi parti travailler à Tunis, qu'elle se marie : « Mon mari, il était de la Sicile. Et après, comme tout le monde, il est parti à Tunis. Après, il est revenu en Sicile, il avait des parents, il m'a connu et… voilà. » Ils partent à Tunis mais elle dit n'avoir pas supporté. Ils reviennent en Sicile peu de temps après. Puis, son mari repart pour la France en 1953, pour exercer le métier de plâtrier. Le début du mariage est donc marqué par de longues périodes de vie à distance, qui jouent aussi une fonction de régulation des naissances. C'est en tout cas très explicitement ce qu'indique la réaction du mari quand elle veut le rejoindre en France. « Il m'a dit "écoute, si je te fais venir ici, tu vas avoir encore des enfants". J'ai dit "non, moi je veux venir, pour être avec toi". » Elle ne rejoint son mari en France qu'après son septième enfant. Car les naissances se succèdent, dès l'âge de 19 ans (une fille née en 1939), puis deux ans plus tard pour le deuxième. Elle n'en voulait que deux, mais elle en a finalement eu onze vivants (et quatorze grossesses, en comptant les fausses couches). Elle attribue à son mari, avec un léger air de reproche, ce nombre élevé. Pour lui, les enfants étaient sacrés, alors qu'elle pensait aux difficultés pour les élever. Cet échange avec sa fille atteste de la proposition qui leur avait été faite d'en faire adopter certains : « Ma mère m'expliquait qu'en Sicile, comme elle avait beaucoup d'enfants, il y avait des gens qui ne pouvaient pas avoir d'enfant donc ils voulaient adopter les siens. » Miranda : « Une famille voulait adopter mon fils. L'aîné. Ils voulaient l'emporter en Amérique. Mon mari disait "mes enfants, ils restent avec moi". Moi je disais que c'était un avenir… »

Le contexte de l'entretien est révélateur de l'ambiance familiale. Il s'est déroulé dans l'appartement familial de cinq pièces, en banlieue parisienne, où une grande partie de la famille a grandi et tous continuent de passer très fréquemment, parfois plusieurs fois par jour. Enfants et petits-enfants s'y croisent régulièrement. Beaucoup étaient présents ou sont passés le jour de la rencontre. Dans la cacophonie, toutes les personnes présentes ont ainsi tenté de faire l'énumération des naissances, mais c'est finalement la lecture, par une des filles, du livret de famille qui fera foi de l'ordre et des dates exactes : « V. est née le 30 juillet 1939 à Marsala ; F., en août 1941 ; ensuite P., le 13 mars 1944 ; T., 12 mars 1946 ; S., 22 septembre 1949 ; F., 29 juillet 1951 ; ensuite, G., 24 novembre 1954. Ensuite voilà, ça c'est en France : J., il est né en France le 10 septembre 1957 ; ensuite c'est M., le 5 février 1959. Alors Sesto, il s'appelle ainsi parce que ma mère pensait qu'elle n'aurait plus d'enfant. Enfin plus de garçon surtout. Elle pensait que c'était le dernier garçon. Donc elle avait mis Sesto pour finir le… Et en fin de compte, moi je suis née après, donc le 24 avril 1961. Et il y a eu mon petit frère encore derrière, qui n'était pas prévu, qui est né le 15 janvier 1963. Elle a eu des enfants entre-temps, mais ils sont morts. »

L'ambiance de l'entretien et le brouhaha traduisent un modèle populaire de famille. Les aînés travaillent en usine et ont longtemps rapporté la paie à la maison, jusqu'à leur mariage. Les filles ont quant à elles beaucoup aidé pour les tâches domestiques : « Ma sœur aînée, je sais qu'elle n'a pas eu d'enfance comme nous on a eu. Son enfance, c'était laver du linge, s'occuper des enfants. Elle n'a jamais joué à un jeu, elle n'a jamais rien fait. Quand elle était petite, c'était aller chercher l'eau, c'était faire à manger. » Famille nombreuse, famille heureuse ? Tout le monde semble y adhérer ou, du moins, le dit. Une des filles décrit la gêne qu'elle ressentait, petite, à l'égard de ses copines, lorsqu'il lui fallait dire que son père ne travaillait plus, ce qui l'amenait souvent à lui inventer un travail. Mais elle n'a jamais éprouvé aucune honte à dire combien de frères et de sœurs elle avait. Les générations restent aussi très proches : l'aînée, qui s'est malgré tout mariée alors que son dernier petit frère arrivait, a rapidement eu un enfant ; celui-ci est devenu « comme frère et sœur » avec son oncle, car ils habitent juste à côté. Ces décalages sont décrits très simplement, avec une grande insistance sur le respect dû au rang, une manière aussi de reconnaître ce que l'on doit à ses aîné(e)s.

Dans une famille nombreuse comme celle de Miranda, il y a continuité entre des naissances successives qui sont régies par une logique de répétition ; grossesses, accouchements et travail de *care* se suivent et se succèdent, venant ponctuer de nombreuses années de l'existence de ces femmes. De fait, la forte affectivité qui se dégage de ces configurations et la présence de filles aînées qui aident leur mère inscrivent ce travail de *care* dans une sorte d'évidence et de continuité naturelle.

La figure d'une détermination et d'une interprétation des naissances tardives par la nature n'est pas propre aux familles nombreuses. Elle apparaît également, quoique sous des formes légèrement différentes, dans les familles plus malthusiennes que l'on peut déjà observer à cette époque en particulier en milieu paysan, où la question du contrôle des naissances est une préoccupation ancienne[5]. Dans ces familles malthusiennes, les récits d'entrée dans la parentalité tardive évoquent l'image d'une parentalité imposée, soit par la nature, soit, dans une figure proche, par un créateur[6]. Le plus souvent, l'engendrement y est décrit comme le produit d'une nature qui a voulu que les femmes aient des enfants. « Le moule est cassé », dit une expression populaire quand une femme cesse d'avoir des enfants. Et lorsqu'elles ont des enfants au-delà de l'âge normal, alors qu'elles ne s'attendaient plus à en avoir, l'engendrement est perçu comme une force de la nature ou une marque de leur forte féminité qui surmonte ainsi les obstacles, y compris ceux de la contraception.

Il reste toutefois que, dans les familles plus malthusiennes, un écart d'âge important peut séparer la dernière naissance des précédentes. Cette discontinuité des naissances amène alors à envisager la dernière d'entre elles non comme une répétition mais comme un recommencement. Cette conception souvent inattendue est, là encore, la manifestation d'un destin spécifiquement féminin où, avant de l'être, « on tombe enceinte ». Il s'y ajoute une différence : si les récits des mères tardives évoquent un destin auquel on ne peut échapper, ils déploient davantage, dans ces configurations malthusiennes, l'idée d'un destin qui les rattrape, sur le tard. Autre différence avec les familles nombreuses : le plus faible nombre d'enfants ne permet pas à ces femmes de se reposer sur les aîné(e)s pour être secondées au moment de devoir « s'y remettre ».

Yvette, née en 1912, illustre bien cet ordre des choses qui s'impose. Peu après le décès de son père alors qu'elle avait 15 ans, elle reprend, avec sa sœur, la ferme familiale, sa mère se retirant dans un coin de la maison en conservant pour elle le louage de quelques terres. Alors que l'exploitation périclite avec la guerre, en 1945, son voisin organise à son grand étonnement une entrevue avec une figure locale, maire d'une commune proche et ingénieur agricole. C'est donc avec une « vocation tardive » qu'Yvette se marie à plus de 33 ans, son mari ayant alors 42 ans. Yvette se dit chrétienne très pratiquante – ce dont témoigne son vocabulaire – alors que son mari est laïque. Ingénieur agricole, il appartient à la frange modernisatrice du monde rural. Il est administrateur d'une entreprise agroalimentaire ainsi que du Crédit Agricole. Ils ont rapidement trois enfants, ce qui pour eux était sans doute dans « l'ordre des choses ». Mais l'arrivée d'un petit dernier, alors qu'Yvette a 44 ans et son mari 53, l'est beaucoup moins. Car, « à cet âge-là », et étant de surcroît « soignée pour ménopause », Yvette pensait que c'était fini. Mais « la nature, on ne la contrefait pas », dit-elle.

Une affaire de femmes

Dans le contexte des années 1960, la question de la contraception ne se pose pas de façon « naturelle » et évidente, en particulier en milieu rural où elle mettra longtemps à se diffuser et à s'imposer face à des méthodes plus « traditionnelles » et moins efficaces (Ogino, retrait, condom). Certains médecins ne sont pas favorables au contrôle des naissances. Mais le contexte conjugal et plus largement relationnel est lui-même souvent taiseux : on ne parle pas ou peu « de ces choses-là » (sinon entre femmes).

Le monde paysan se caractérise en effet par un grand clivage entre les mondes masculin et féminin, ainsi qu'entre des lieux et modes d'échange distincts entre hommes et femmes[7]. Aux uns le cercle du café, aux autres le lavoir, l'épicerie et le marché (comme de nos jours encore, en certains endroits – et parfois même, « en ville » –, le bar et le salon de coiffure). En résumé, les affaires des hommes ne se confondent pas avec celles des femmes[8], et cela ne facilite pas les échanges. Ce clivage se nourrit aussi d'une représentation de la sexualité qui oppose l'image d'un homme aux besoins irrépressibles et gouvernant les unions sexuelles par sa puissance physique, à celle d'une femme plus passive mais aussi modératrice des ardeurs masculines[9]. Il revient ainsi aux femmes, plus qu'aux hommes, de devoir « prendre leurs précautions » – en rappelant leur conjoint à l'ordre du *coitus interruptus* ou du calendrier Ogino (abstinence pendant la période de fécondité de la femme) –, ce qui leur confère une part de responsabilité lorsqu'une conception inattendue survient.

Ce contexte est d'autant plus propice aux naissances tardives que souvent, à l'approche des 40 ans, la vigilance contraceptive baisse. En effet, l'entrée dans la ménopause n'a pas toujours la netteté qu'on lui prête et, parfois, le corps donne des signes (des règles plus irrégulières) propres à faire penser que la ménopause est bien là et que le risque s'est éloigné de tomber enceinte. Une baisse de l'attention, sur ce fond de sentiment d'entrée dans la vieillesse, et ces femmes se voient « prises, à pas d'âge ».

Ainsi Martine, née en 1932 dans une famille de petits paysans de la Manche, s'est-elle entendue dire qu'elle était « faite pour avoir des enfants ». Elle arrête l'école à 12 ans pour aider à la ferme. À 16 ans et demi, elle rencontre son futur époux à un mariage, ils se retrouvent par hasard à une fête foraine et se marient en 1950. Martin, son mari de cinq ans son aîné, est né en 1927, d'une famille de fermiers. Après son service militaire, il part travailler, devient rapidement maçon, métier qu'il exercera toute sa vie. Ce n'est qu'en 1970 qu'il s'installe à son compte, jusqu'en 1984, date d'un accident cérébral qui le met à la retraite anticipée. Après le mariage, ils vivent avec trois vaches sur trois hectares. Martine complète ses revenus avec la couture, mais aussi en faisant la cuisine le week-end pour des repas de fête ; Martin et une petite équipe (composée de leurs enfants un peu plus tard) assurant le service. Ils ont maintenu cette activité pendant trente ans. Ils ont rapidement trois enfants (1951, 1952 et 1955) et décident d'arrêter là. Mais en 1961, une fille arrive : « Il n'y avait pas les méthodes comme maintenant ! On essayait de ne pas en avoir. Et moi, le docteur me disait que j'étais faite pour faire des gosses ! » Martine est malheureuse mais accepte. Comme elle doit accepter la venue d'une autre fille, qui naît en 1963. Et, en 1970, malgré la pilule, de son deuxième fils, Laurent.

Les récits font ainsi apparaître le poids particulier des normes d'âge : pour ces générations, le chiffre rond des 40 ans se rapporte à la ménopause et à une diminution du risque d'avoir des enfants, alors qu'il marque aujourd'hui le risque de ne plus en avoir. Dans le contexte des années 1960, l'approche des 40 ans est un soulagement, elle délivre du fardeau des maternités imposées. Les choses peuvent s'inverser lorsque, par malheur, les femmes découvrent qu'elles sont tout de même tombées enceintes. Pour elles, le poids de l'âge vient alors s'ajouter comme un fardeau supplémentaire à tout ce qu'implique, en termes de travail et donc de fatigue, le fait d'avoir de nouveau un enfant et de devoir, à nouveau, « recommencer ».

Il se dégage des récits de ces femmes, confrontées dans les années 1960 à ces conceptions tardives inattendues, un grand sentiment de solitude au moment où elles s'en aperçoivent. Globalement, les hommes semblent peu participer à l'événement, sinon de manière distanciée. Ils sont d'ailleurs rarement convoqués dans les récits de ces mères tardives et passent souvent au second plan, comme si leur avis se déduisait naturellement de celui de leur conjointe. Il est vrai que les femmes prennent plus facilement la parole et que leurs conjoints, plus effacés, interviennent peu, laissant à celles-ci le soin de raconter les choses comme si eux-mêmes n'avaient rien à en dire. D'ailleurs, contrairement aux récits des générations suivantes, les discussions conjugales sont rarement évoquées dans ceux des mères tardives de l'époque. Cette faible implication conjugale des hommes renforce bien évidemment le sentiment d'isolement de ces femmes. Elle indique aussi combien la parole n'occupe pas la même place dans les couples des différentes générations. Mais celle-ci n'est pas seulement affaire de communication conjugale : c'est surtout le genre, cette organisation sociale et sexuelle du travail structurant les rôles sexués, qui pèse sur cette économie des échanges conjugaux et peut rendre mal à l'aise à l'idée de parler de certaines choses.

L'épreuve morale du « retour d'âge »

Pour la génération de mères tardives des années 1960, avoir un enfant sur le tard est une épreuve que l'on peut qualifier de morale. D'abord parce qu'à cette période, le rapport à la sexualité diffère fortement de celui d'aujourd'hui et qu'elles peuvent être soupçonnées d'avoir succombé à l'intempérance sexuelle[10].

Ensuite, parce que ces mères se retrouvent souvent seules face aux fortes inquiétudes liées aux grossesses supplémentaires non désirées. Il y a celle inhérente au risque d'avoir un enfant « mongolien », comme on disait alors, mais aussi la crainte des difficultés matérielles, de la fatigue et des problèmes de santé. Certaines mères ont également peur de ne pas pouvoir assurer l'éducation de cet « enfant de plus » jusqu'à l'âge adulte, ou de ne rien pouvoir lui transmettre pour bien démarrer dans la vie et ne pas connaître l'incertitude du lendemain. Du fait de ces appréhensions, la réprobation morale qui pèse sur ces mères se redouble parfois d'un sentiment de honte d'avoir transgressé les limites de l'âge et l'ordre de la nature. L'enfant « ravisé », le « redo », le « tardillon[11] » sont autant d'expressions de l'époque qui signifiaient à la fois l'incapacité à se contenir et à maîtriser sa progéniture, mais aussi les peurs entourant l'arrivée du bébé et, dès lors, le trop-plein d'amour pour celui ou celle que l'on n'attendait plus, qui devenait ensuite l'enfant choyé par toute la famille, le « petit dernier à ses parents ».

Du fait de la forte division des rôles masculins et féminins, les femmes de ces générations sont souvent seules à porter le poids de ce qui arrive, et ce grand sentiment de honte, au moins au départ, transparaît fréquemment dans leurs récits. Peu soutenues par leur conjoint, auquel parfois elles ne disent rien (du moins dans un premier temps), elles ne trouvent pas beaucoup plus d'appui du côté des médecins. En l'absence de test de grossesse, le médecin est celui qui officialise les choses. Il est le premier tiers à qui l'on dit que l'on pense (et craint) être enceinte. Sa réaction est importante, car il dispose souvent d'une autorité morale qui tend, à l'époque, à se substituer à celle du curé (ce dernier est absent des récits, y compris chez les personnes se disant croyantes). En théorie, le secret professionnel protège ces femmes. Mais dans la réalité, le jeu des échanges les soumet à une forte pression normative et morale. Rappelons cette évidence : beaucoup de ces médecins sont des hommes. Ce sont aussi des notables. La distance sociale entre ces hommes médecins et ces femmes paysannes est parfois telle que les uns n'entendent pas ce que les autres ont du mal à dire. Et, cinquante ans plus tard, c'est encore souvent à demi-mot, par des blancs et des phrases inachevées, que ces récits, parfois taiseux, laissent transparaître le poids qu'a pu représenter ce discours médical. Les premiers mots par lesquels certains médecins annoncent à ces femmes qu'elles sont enceintes sont peu en phase avec le sentiment de ces dernières, pour lesquelles l'annonce est rarement une bonne nouvelle. Leur jugement – parfois tranché et bien engagé – n'est pas sans provoquer chez elles réticence et secrète indignation. Les unes se sentent imposer un nouveau « fardeau », les autres semblent plus indéterminées face à l'événement. Mais elles ont en commun d'être en position de porte à faux face à un événement qu'elles ne perçoivent pas nécessairement comme heureux[12].

Martine, qui, rappelons-nous, s'est mariée en 1950 à 18 ans, a eu rapidement trois enfants, puis une fille non prévue à 29 ans, suivie d'une autre deux ans plus tard dans les mêmes circonstances. Ces grossesses sont mal vécues. Le médecin, qui avait pourtant prescrit une pilule, soutient les parents… en leur faisant accepter leur sort : Martine est « faite pour avoir des enfants ». À 38 ans, un autre enfant arrive. Encore une situation qui la fait beaucoup pleurer et en vouloir à son médecin :

« J'avais été le trouver aussitôt pour voir s'il pouvait me faire quelque chose. Je n'ai rien eu, ça n'a rien fait. – *Et autour de vous, ça arrivait des gens qui faisaient des avortements ?* – Je n'en sais rien. Les gens étaient secrets, ils ne parlaient pas. Ah non, du tout. – *C'est quelque chose que vous auriez pu envisager pour la quatrième ?* – Non, pour ces deux-là, non, quand même. Mais au sixième et dernier, j'étais prête. » Cette fois, voulant se faire avorter, elle monte à Paris voir sa belle-sœur, qui l'en dissuade. Et dans ce monde rural très fermé, il n'y a personne d'autre à qui parler ; les contacts sont rares, alors comment parler de ces choses-là ? On ne se fréquente pas beaucoup en famille, et les amis ne sont pas si proches. Le médecin apporte son soutien, dans l'acceptation de la nature des choses : « Le docteur, il me fait comme ça "vous avez des gentils enfants, il ne faut pas vous désoler pour ça". » Ce n'est que lorsque les enfants, avertis, montrent leur contentement devant cette nouvelle qu'elle accepte. Elle accouche trois semaines après être devenue grand-mère. Tous ses enfants décrivent une vie de famille intense, de forts liens. Le dernier est choyé par toute la famille. Aucun d'eux n'a eu le bac, la plupart sont partis en apprentissage et sont devenus ouvriers ou employés.

Face à un événement qu'elles n'attendaient plus, certaines de ces femmes envisagent donc l'avortement, interdit à l'époque, donc clandestin. À ceci près que celles qui se disent très croyantes n'évoquent jamais cette option, sans doute parce qu'elle est inenvisageable ou, à tout le moins, indicible. Pour les autres qui semblent s'y être résolues à un moment donné, il faut y avoir accès, savoir comment s'y prendre. Elles en parlent autour d'elles. Mais le soutien matériel et moral de l'entourage peut alors faire défaut, ce qui ne facilite pas le passage à l'acte. Les obstacles sont nombreux : personne à qui parler, pas le téléphone. Martine, elle, monte à Paris pour avorter lorsqu'elle se retrouve enceinte pour la sixième fois : « Moi, j'avais l'idée de me faire avorter. Et puis, j'en avais parlé à ma belle-sœur. Elle me dit "tu sais, ne fais pas ça. Tu auras des remords après". » Le médecin, sa belle-sœur, son beau-frère aussi (qui disait « Oh, tu sais, ça sera le bienvenu après ») : tous s'emploient à lui faire accepter son sort. Ce qu'elle va faire, non sans réticence au départ.

À partir de l'annonce par le médecin, en l'absence d'autre solution, c'est un lent travail d'acceptation qui commence pour amener ces femmes à se faire une raison. Car une grossesse tardive signifie la reprise d'un travail avec lequel elles pensaient en avoir fini. Le moment de souffler est repoussé, il faut de nouveau élever, éduquer, même si l'on s'estime « trop vieille » pour cela. Pour beaucoup de femmes de ces générations, les conceptions tardives constituent ainsi une rupture biographique et un brouillage de l'horizon temporel.

L'enjeu de la transmission

Le monde de la paysannerie des années 1960 est en effet organisé autour de la maisonnée, bien transmis de mains en mains et de génération en génération auquel les individus appartiennent avant d'en être les héritiers. Dans ce contexte, l'avenir des enfants dépend largement de la transmission et une naissance tardive constitue un véritable bouleversement de l'ordonnancement des choses. Elle remet en jeu la distribution des biens et l'organisation de la transmission, puisqu'il s'agit, dans une perspective égalitaire, de faire une place au dernier.

Dans certaines configurations familiales comme celle de Roberte et son mari, la venue d'un enfant tardif implique de racheter des terres pour que celui-ci puisse s'installer et avoir un avenir, là où d'autres groupes sociaux dans la société salariale de l'époque fondent leur espérance sur l'école et voient leur avenir dans le diplôme. Le couple possède « la grosse ferme » du village. Une grande partie du patrimoine provient en fait de la famille de Roberte, même s'ils ont effectivement emménagé dans la ferme familiale du mari. Roberte est née en 1932 dans une famille de viticulteurs propriétaires composée de huit enfants. Cadette des filles (l'aîné est un garçon), elle reprend le ménage lorsque sa sœur aînée se marie à 16 ans. En 1950, Roberte se marie à son tour, à l'âge de 18 ans, avec le fils aîné d'une famille de viticulteurs et part vivre chez ses beaux-parents. Un premier enfant naît en 1953 puis un second deux ans plus tard. Ils semblent tous les deux se destiner à la reprise de la ferme, lorsqu'un petit dernier arrive inopinément. Roberte a alors 42 ans, nous sommes en 1974. Elle dit en avoir beaucoup voulu à son mari lorsqu'ils se sont aperçus de la grossesse en cours.

L'aîné suit les traces de son père, il s'installe dans un groupement agricole d'exploitation en commun (GAEC) grâce à une aide financière importante des parents. À l'issue de son service militaire, le deuxième fils semble avoir pris la mesure de son rang de cadet, ou plutôt du fait de n'être pas l'aîné, puisqu'il renonce à suivre la voie agricole. Il ne veut pas demander de prêts au Crédit Agricole (ce que n'a pas fait l'aîné), lesquels risquent de ne pas lui être entièrement attribués car il n'a aucun diplôme. Il prend donc un commerce dans la petite ville, non loin du village. Lorsque le dernier, qui n'a pas non plus suivi une bonne scolarité et qui n'a finalement eu aucun diplôme, arrive en âge de prétendre se joindre au GAEC, la situation de la viticulture s'est dégradée. Tout le récit de Roberte est empreint de l'assombrissement des perspectives économiques dans cette région viticole, mais la situation du « petit », qui ne semble avoir grandi que dans la perspective de « monter sur le tracteur », oblige les parents à faire de nouveaux investissements. Le partage des terres se fera finalement entre les deux aînés, le dernier n'en réclamant qu'un peu pour lui et une compensation financière. Dans ce cas comme dans bien d'autres, l'arrivée d'un enfant sur le tard a perturbé l'ordre et l'organisation des transmissions patrimoniales.

Quand il n'y a pas d'enjeu de transmission, une naissance tardive pose moins de problèmes. Gustave et Victoire, modestes viticulteurs à la retraite, nés en 1925 et 1927, se sont mariés jeunes (en 1948). Ils ont eu sept enfants, nés en 1949, 1951, 1954, 1956, 1963, 1965 et le dernier, Sylvain, en février 1976, la mère ayant passé 48 ans et le père 50. C'est une famille très unie, presque tous les enfants habitent dans le village. Quand l'entretien s'est effectué, plusieurs belles-filles et enfants sont passés et sont restés, pour parler. Leur histoire est celle d'un enchevêtrement de générations, de solidarités familiales, dans un contexte très modeste, où l'on vit de peu. Jamais d'emprunt et un tracteur acheté avec la vente de quelques terres. Un avenir sur lequel on a peu de prise, soumis aux aléas climatiques (sécheresse, gelée...). Gustave pousse ses fils à aller travailler à l'usine. La retraite arrive avec, enfin, de l'argent fixe qui va tomber tous les mois. Les terres sont partagées pour arranger tout le monde et garder les enfants à proximité : « chacun un morceau de terrain à bâtir, et puis chacun un coin de terre ou un coin de bois ». Dans ce contexte, l'arrivée d'un dernier enfant très tard, alors que Gustave et Victoire étaient déjà grands-parents, n'a pas d'incidences patrimoniales et suscite principalement un souci d'ordre médical.

Du fait de la division sexuée du travail, les femmes de ces générations sont un peu moins directement concernées que les hommes par ces questions de transmission mais elles n'y sont pas indifférentes. Elles sont surtout en première ligne dans le travail d'éducation, un quotidien prenant qui repousse à plus tard le moment où elles pourront souffler. Une naissance tardive, c'est toutes ces tâches à recommencer, alors qu'un grand écart sépare le petit dernier de ses aînés.

Retrouvons Yvette, née en 1912. Celle-ci s'est mariée à un agriculteur, ingénieur agricole de formation et qui est une figure locale de la notabilité modernisatrice. Ils ont rapidement trois enfants. La transmission est assurée pour chacun, même si, pour son mari, la terre ne s'hérite pas. Il est ainsi l'un des premiers à monter un groupement foncier agricole (GFA), qui a transformé son exploitation en une société. Ses enfants ont hérité des parts, l'aînée (formatrice pour adultes) n'en tirant pas bénéfices, le premier fils conservant une exploitation laitière, et le cadet pratiquant le journalisme équestre et l'élevage de chevaux. L'arrivée d'un petit dernier alors qu'Yvette a 44 ans et son mari 53 vient bouleverser les choses. Dans une conception égalitaire, il faut lui faire une place. Contre la volonté d'Yvette, pour qui « on n'achète pas une terre à cet âge-là », son mari va emprunter pour faire acheter au GFA une terre pour son dernier enfant. Celui-ci s'installera sur sa ferme peu de temps avant le décès de son père : le métier est ainsi repris à la fois par l'aîné et le cadet des enfants. La parentalité tardive s'inscrit ici dans une économie des échanges familiaux et intergénérationnels qu'il faut bouleverser.

Pour Yvette, cette naissance est également un bouleversement de « l'ordre des choses ». Si, au début, Didier est proche de ses parents, ensuite les relations se tendent : « Rien n'allait, il me reprochait tout. J'avais tout pour déplaire. » Si le dernier-né n'a jamais reproché à ses parents d'être âgés, selon Yvette leur âge explique tout de même le comportement de son fils, bien plus que son caractère : « Il voulait s'en aller, être libre. Quand on est vieux, on aime la tranquillité, on n'aime pas le mouvement. Didier a eu une vie plus cernée, plus restreinte. [...] Pour un enfant, c'est pas intéressant d'avoir des parents vieux. On est fatigué. On l'a trop élevé avec des vieux, trop élevé tout seul. » Elle retourne ainsi contre elle le reproche d'avoir eu un enfant alors qu'elle était âgée, c'est-à-dire trop vieille pour pouvoir l'élever. Bref, de l'avoir eu contre l'ordre naturel des choses. Quand Didier s'installera, l'effort et le travail viendront corriger les effets de la « tardivité » : « Il a eu du mal, il a beaucoup travaillé quand il s'est installé. Ça lui a fait du bien, il a vu comment c'était, parce que, quand il était là, il ne faisait rien. »

Dans le cadre de la société paysanne, avoir un enfant tardivement présente donc tous les traits d'une épreuve morale. Elle met en jeu l'image et le crédit (la réputation) ; elle bouleverse la transmission programmée. C'est donc souvent avec une grande appréhension que les mères tardives des années 1960 font l'annonce de l'événement à leurs proches (parents et beaux-parents, frères et sœurs) et précédents enfants. Le plus souvent, la réaction de la parentèle est négative, résultant d'une forme de réprobation morale envers ces couples et surtout ces femmes qui n'ont su se contenir et prendre leurs précautions. C'est ce que l'on retrouve dans le discours de Martine qui, faute d'une contraception efficace, n'arrive pas à traduire dans les faits son souhait de s'arrêter au troisième enfant. Elle en aura finalement six, dont le dernier à l'approche de la quarantaine : « Ma belle-mère m'avait dit, et ça ne m'avait pas fait plaisir, mais enfin, elle n'était pas méchante, ça n'a pas été plus loin, elle m'avait dit "qu'une personne âgée ait des enfants...", elle a fait un peu comme moi. Mais enfin, ça n'a pas été plus loin. »

Contrairement à la réaction souvent réservée, parfois négative, de leur parentèle, les premiers enfants sont souvent enthousiastes à cet agrandissement inattendu du cercle familial. C'est ainsi qu'au fil de la grossesse, l'incertitude fait lentement place à une acceptation résignée. Les relations se normalisent lentement avec les proches, familles et voisins. Ces mères tardives des années 1960 sont ainsi amenées à se faire une raison et à accepter la fatalité d'un destin ou d'une nature, du moins en apparence, dans le récit qu'elles en font. Dans certaines configurations, il persiste toujours une part d'indétermination face à un événement hors norme. Le regard que sentent peser sur elles certaines de ces mères tardives les amène à douter et à s'interroger sur la « normalité » de leur situation. Malgré tout l'amour qu'elles portent à leur enfant, celui-ci leur semble devoir rester « un enfant de vieux ». Le récit de Martine illustre bien ces ambivalences : « Même les petites dernières aussi, elles disaient "oh, mais on le dorlotera !", "il sera le bienvenu". Et même Denis, il travaillait à Paris, dès que j'ai accouché, on lui a téléphoné, il est descendu le soir même pour venir le voir ! Et il me fait "faire tant de route pour voir un bébé aussi moche !", parce qu'il n'était pas beau, il faisait quatre kilos et je ne sais pas combien, j'ai eu du mal à accoucher, il était déformé de visage ! Mais après, ça a été. Non, tout le monde était content après. »

Pouvant renvoyer tout aussi bien à des familles nombreuses qu'à des familles plus malthusiennes, la parentalité tardive des années 1960 présente donc une relative variété.

Dans les familles malthusiennes, elle correspond à un échec relatif du contrôle du nombre d'enfants. La naissance tardive est inattendue et l'écart d'âge entre le dernier-né et ses frères et sœurs est important. On entre alors dans une logique de recommencement : il faut s'y remettre alors que l'on pensait avoir fini. C'est aussi la discontinuité qui prévaut : la conception induit un changement en termes de transmission et de représentation du vieillissement. Souvent, les récits laissent transparaître le regret de ne pas avoir eu de vieillesse pour pouvoir souffler. On comprend ainsi pourquoi, là encore, les femmes apparaissent plus concernées que les hommes : ce sont bien elles qui ont à assumer l'essentiel du travail d'éducation.

À l'inverse, dans les familles plus proches du modèle des familles nombreuses, les naissances tardives ne semblent pas aussi redoutées. Le nombre important d'enfants et le faible écart d'âge entre eux font qu'une naissance tardive procède plus d'une logique de répétition que d'une logique de recommencement. La continuité prévaut, ce que vient encore renforcer une répartition intergénérationnelle (mais strictement entre femmes) de l'aide. Ainsi, dans ces familles nombreuses, les filles aînées sont amenées à aider leur mère, en faisant diminuer sa charge de travail. Elles s'inscrivent alors dans le cycle sans fin du *care*.

Les moyens dont peuvent disposer ces couples pour contrôler leur fécondité sont au centre de ces différentes configurations. Ces récits d'avant la diffusion d'une contraception efficace s'opposent à ceux, plus récents, où l'engendrement résulte d'une décision personnelle ou négociée. Aujourd'hui, c'est le discours du projet qui prédomine, moins parce que la conception aurait été voulue et planifiée que parce qu'un projet conjugal permettant d'envisager d'avoir un enfant s'est forgé. La contraception rend possible, au moins en théorie, le choix de ne pas avoir d'enfant et permet de décider (dans une certaine mesure) du moment de les avoir. Mais ce moment ne dépend pas seulement de mécanismes biologiques ou de la psychologie individuelle ; il est aussi largement encadré par un ensemble de calendriers sociaux dont l'articulation détermine le retard pris pour se mettre en couple, fonder une famille, ou encore le temps mis à avoir des enfants. Et, on va le voir, sans qu'ils soient toujours indispensables, ce moment replace les hommes et la paternité au centre de la parentalité.

Faire famille autrement

Les années 1970 sont en France une période clé de la transformation de la famille mais aussi des relations entre hommes et femmes. Au centre de ces évolutions, on trouve la diffusion de formes médicalisées de contrôle des naissances. La contraception est légalisée en 1967 (avec la forme prédominante en France de la contraception orale, la pilule), puis c'est le tour de l'avortement en 1975. Plus que jamais, les couples semblent en mesure de contrôler leur fécondité et le moment de faire famille.

Pour autant, la contraception n'est jamais que le moyen technique d'une transformation qui va bien au-delà de la seule question du contrôle des naissances. Sans diminuer l'importance de cette révolution contraceptive[1], rappelons d'abord qu'avant les années 1970, il existait d'autres moyens de contraception. Stérilets, potions et philtres ou autres dispositifs mécaniques (*coitus interruptus*, préservatif) étaient, il est vrai, souvent moins confortables et efficaces[2]. À trop mettre l'accent sur les possibilités techniques de cette contraception, on néglige la question beaucoup plus fondamentale du cadre à l'intérieur duquel les individus pensent (ou non) à faire famille et programment éventuellement l'arrêt de leur contraception. De fait, la forte diffusion de moyens médicalisés de contraception qui s'opère à l'époque a pour effet de la banaliser. En France, prendre la pilule devient « naturel » pour beaucoup de femmes, ce qui fait que la question des enfants se pose d'abord comme la sortie de cet état contraceptif[3]. Dans un contexte où le couple évolue globalement vers moins de stabilité, où il est en tout cas moins institué, l'arrêt de la pilule est une étape importante qui peut créer des tensions, comme une épreuve venant questionner la relation.

Cette place nouvelle de la contraception dans la vie des femmes et des couples est liée à la transformation des manières d'être et de se dire en couple, puis en famille. Depuis les années 1960, le passage du célibat au couple est beaucoup moins clair. Le modèle plutôt linéaire de passage du célibat à la famille par le mariage a laissé place à une plus grande variété de situations et de trajectoires. Le couple a désormais une définition plus relationnelle et privée. Moins institué, il ne tient plus par le mariage. Son contenu est aussi moins acquis et plus fortement négocié. La définition même des couples (et donc du célibat) a en effet perdu de sa netteté : on peut être avec quelqu'un – parfois partiellement et ponctuellement – sans se dire forcément en couple, c'est-à-dire sans se sentir investi(e) et engagé(e) dans une relation unique. Un effet de halo entoure ces différentes situations que les individus peuvent même refuser d'instituer et de dénommer. En effet, pour désigner son conjoint ou sa conjointe, et ainsi faire exister une relation largement « biographisée », l'éventail des mots s'élargit : ami(e), petit(e) ami(e), concubin(e), compagne, compagnon… Entre l'amour (le sentiment) et l'institution (l'installation), les individus entretiennent désormais un rapport réflexif (distancié) à « la relation » et utilisent ce mot pour interroger la nature du lien, la réalité de leur engagement et la vérité de leurs sentiments. Et si la contraception médicalisée se diffuse aussi largement, c'est bien parce qu'elle est en prise avec des transformations qu'elle rend possibles, voire qu'elle renforce, sans pour autant les déterminer de part en part.

Ce contexte n'est pas sans effet sur la parentalité tardive. Les possibilités offertes de mieux contrôler et programmer les naissances entraînent une diminution sensible de la taille des familles et des conceptions non programmées au *retour d'âge*, après la quarantaine. Mais, rappelons-le, il s'agit bien d'une diminution et non d'une disparition : les familles nombreuses existent toujours et continuent d'avoir des enfants sur le tard. Il y a, de même, toujours ces « tardillons », des enfants que l'on n'attendait pas et qui inscrivent les familles dans des logiques de recommencement.

Mais d'autres configurations émergent, en lien avec les nouvelles définitions du couple et de la famille. Ce sont désormais des logiques d'*ajournement* ou parfois de *recomposition* familiale qui amènent des hommes et des femmes à avoir tardivement non plus leur dernier enfant (comme pour les familles nombreuses) mais leur premier. Avec la diffusion de méthodes de contraception efficaces et, plus globalement, la généralisation d'une norme d'autonomie, l'engendrement se programme et résulte de plus en plus d'un projet conjugal dans lequel les hommes doivent s'engager. Aux récits féminins d'engendrement par la nature, clivés par le genre, se substituent des récits mettant au premier plan des projets, des interprétations, des négociations.

L'autonomie dans le couple

Les années 1970 voient une nette redéfinition des relations entre hommes et femmes. À l'état de forte dépendance des femmes par rapport à leur conjoint succède une plus grande indépendance relative. L'idée s'impose ainsi que les filles ont – du moins pour certaines d'entre elles – un autre avenir[4] que le seul mariage et la maternité. À cette époque, d'ailleurs, le taux de scolarisation des jeunes filles[5] augmente, ce qui traduit la transformation des représentations de la division sexuée du travail.

Au prix de la subordination juridique inhérente à la condition salariale, l'accès d'un plus grand nombre de femmes au salariat les protège, un peu, de la dépendance conjugale et familiale. Ainsi, comme pour les hommes, le travail – et non plus seulement la famille – devient, pour elles, un principe de définition de soi. Le taux d'activité féminin (tous âges confondus) n'a depuis cessé d'augmenter[6]. L'accès au salariat est essentiel dans ce processus d'indépendance, même si celle-ci reste relative : une part de l'activité féminine est reconnue comme un travail et valorisée par un salaire, les femmes sortent ainsi de l'univers confiné de la maison et, surtout, elles peuvent compter sur des droits propres à la retraite – et non plus seulement sur des droits dérivés de ceux de leur conjoint (par la pension de réversion). À l'archétype de « Monsieur Gagne-pain » succède peu à peu un modèle plus égalitaire, où deux individus pourvoient à leurs besoins et se protègent chacun contre les risques de l'existence.

En devenant relativement indépendantes, les femmes disposent désormais des moyens de leur autonomie et peuvent se construire un avenir différent de celui qui consiste à n'être que des mères ou les femmes de leurs conjoints. Cette autonomie relative est d'autant plus réelle qu'elle est garantie par le droit, au travers des lois sur l'autorité parentale (1970), le droit de travailler sans restriction (1965), la libre disposition d'un compte bancaire et de l'administration des biens (1965) et le divorce par consentement mutuel (1975). Avec les lois sur la légalisation de la contraception (1967) et de l'avortement (1975), on voit l'ampleur du déplacement des valeurs qui s'opère alors vers un rééquilibrage relatif des relations entre hommes et femmes, dans le sens d'une plus grande égalité qui ne soit pas seulement formelle. Ces transformations concernent au premier chef les femmes, mais elles contribuent également à redéfinir la jeunesse, les modalités du passage à la famille, ou encore le statut de la sexualité. Elles ne sont donc pas, non plus, sans conséquence positive pour les hommes qui n'y ont pas seulement perdu du pouvoir.

L'extension du périmètre de la scolarité et les transformations du couple et de la famille constituent ainsi le cadre de l'allongement de la durée de la jeunesse. D'un côté, le passage du célibat à la vie de couple tend à se faire de manière moins directe : il faut désormais plus de temps pour à la fois trouver un logement, accéder à un emploi stable (lequel le deviendra de moins en moins au fil du temps) et fonder une famille. L'entrée en couple devient incertaine et ne débouche plus nécessairement sur la fondation d'une famille. Il devient de plus en plus « normal » de vivre ensemble sans être marié. Si bien que de nouvelles manières de vivre (des pratiques) et de se définir (des mots) font leur apparition.

Si, au début des années 1970, ces situations sont qualifiées de « mariages à l'essai » ou de « cohabitations juvéniles », ces termes vont peu à peu disparaître face aux constats qu'un nombre de plus en plus grand de ces unions ne débouchent pas sur un mariage et que ces situations (de moins en moins perçues comme illégitimes) peuvent se prolonger largement au-delà de l'âge qu'on assigne usuellement à la jeunesse.

Parallèlement, la famille « traditionnelle » connaît une crise. Elle devient tout autant incertaine[7] : on ne reste plus à vie avec le même conjoint et, comme le chante de manière ironique Pierre Perret, les enfants ne suffisent plus pour rester ensemble[8]. Les individus ne se pensent plus condamnés à passer leur vie avec la même personne, et des expériences conjugales ou familiales malheureuses se terminent par la fondation d'un autre couple, voire d'une nouvelle famille. Après avoir été dissociées, les familles monoparentales peuvent se recomposer. Qui considérerait encore aujourd'hui comme « illégitimes » des enfants nés hors du mariage ?

La notion même de famille légitime s'émousse et le monisme de la famille instituée par le mariage fait lentement place à une pluralité de configurations que le droit – civil comme social – va s'efforcer de suivre. Les dispositions juridiques et réglementaires vont ainsi se multiplier pour essayer de prendre en compte l'évolution des mœurs : lois sur l'autorité parentale (1970), sur le divorce (1975). Ce qui apparaît clairement, c'est que la famille n'a pas disparu et n'en ressort pas affaiblie : elle se transforme. Une nouvelle conception de la famille se fait jour, mettant l'accent sur les relations interpersonnelles et l'engagement des individus pour la faire durer et perdurer. Essayer et faire des expériences pour pouvoir ensuite mieux s'engager constituent de nouveaux principes d'organisation du parcours des âges. Pour le sociologue français Jean-Claude Kaufmann[9], le couple se forge dans l'épreuve de l'organisation du quotidien et, après le premier soir et le premier matin, c'est l'organisation d'un quotidien partagé qui forge le couple. L'achat du lave-linge est, par exemple, au centre d'une organisation symbolique (laver son linge ensemble et non plus le donner à sa mère) et pratique (trier, laver, faire sécher, repasser, ranger) qui fabrique le couple comme institution négociée. Les couples se constituent ainsi au terme d'une période plus ou moins longue d'accordage et tiennent autant par une logique d'accord entre des personnes soucieuses de leur relation que par une logique d'institution. Les unions sont moins cadrées par le droit, elles sont aussi moins instituées. Plus que jamais, le couple (et la famille) semble être une affaire privée avant d'être une chose publique[10].

Contrairement à ce que l'on pourrait penser, la famille n'a en rien décliné. Elle a plutôt trouvé une nouvelle force dans ces nouvelles manières de vivre et de se dire « en couple » ou « en famille ». L'un et l'autre correspondent désormais à des choix et à une logique du sentiment plus que d'obligation. Ils deviennent aussi le lieu d'un accomplissement révélant le soi authentique contre les convenances et les obligations sociales : le couple contre la famille (souvent la belle-famille), la vie familiale contre les obligations professionnelles. Le couple autant que la famille deviennent les lieux d'une construction identitaire en miroir[11]. Dans ces nouveaux modèles de relations, le couple se pense comme un engagement au double sens du terme : il nécessite un acte décisoire (on prend une décision) mais aussi un travail permanent de réfection morale pour éprouver que l'on forme bien un « nous » conjugal et familial[12]. Il faut dès lors *communiquer* pour éviter tout malaise dans *la relation* : que faisons-nous ensemble ? Jusqu'où fait-on famille si on ne fait pas des choses ensemble ? Que signifient l'absence d'échanges ou les difficultés éventuelles de communication ? Autant de questions auxquelles sont soumis les couples et qui renvoient à l'émergence de nouvelles expertises (psychologues, conseillers conjugaux, etc.), soit sur le mode de la consultation, soit encore par le biais de la presse spécialisée (*Parents*, *Psychologies*, etc.), soit enfin, à partir des années 1980 (pour la France), par la télévision[13]. Dans ce contexte, la sexualité devient un enjeu pour définir et faire tenir le couple : qu'elle soit conjugale, pluripartenariale, échangiste, elle est un moyen de définir librement et de vivre intensément ce que l'on fait ensemble, dès lors qu'elle s'exerce sans contrainte et permet l'accomplissement conjugal.

Dans le domaine de la sexualité, justement, les bouleversements sont importants. La généralisation d'une contraception médicalisée n'est, à bien des égards, pas séparable de cette transformation plus générale des rapports de genre qui s'opère à cette période. Elle participe bien sûr à la plus grande autonomie des femmes à l'égard de leur partenaire. Par la pilule, elles peuvent désormais contrôler leur fécondité, davantage, par exemple, qu'avec le préservatif – qui n'entrera en France dans le répertoire des outils de l'action publique en matière de sexualité qu'à partir de l'épidémie de Sida, ce qui ne se fera pas sans opposition (notamment quant à l'idée de l'inscrire dans l'espace public et scolaire). « Un enfant si je veux, quand je veux. » La contraception permet aussi, comme on le disait alors, une réappropriation par les femmes de leur corps[14].

Ainsi, la conception et la sexualité sont dissociées et les rapports sexuels « désencastrés » des autres rapports sociaux[15]. Logiquement, la problématique conjugale se voit relativement déconnectée de la problématique familiale, au point que désormais la norme s'est imposée qu'une vie de famille accomplie suppose l'équilibre de la vie de couple. Socialement, la contraception n'a pas seulement un enjeu contraceptif. En regard des périodes précédentes, elle peut se prévaloir à la fois d'une plus grande efficacité et d'un plus grand confort pour chacun des partenaires. En même temps qu'elle permet de contrôler les naissances, elle est aussi un des éléments d'un nouveau rapport au corps et au plaisir et participe en cela d'un dispositif de sexualité.

Alors que la contraception devient « naturelle », la question des conceptions sort de l'horizon conjugal. Les couples peuvent désormais ne pas avoir à se demander s'ils veulent des enfants ensemble. À l'inverse, la question de la programmation, c'est-à-dire de la sortie de l'état naturel de la contraception, ne surgit que lorsque les conditions sont réunies. Certains estimant que la situation ne s'y prête pas repoussent à plus tard le moment de devenir parents. D'autres, pris par leurs engagements, ne se posent même pas la question. Dans une période propice aux expériences et aux engagements, il faut parfois beaucoup de temps pour que la question du passage à la famille soit posée.

Le retard relatif pris par ces (futurs) parents s'explique ainsi largement par la diffusion d'une norme d'autonomie. Ils aspirent à devenir des *individus,* à voir et vivre le couple et la famille autrement, comme un projet dans lequel chacun des individus doit s'engager. Et c'est bien ce processus qui, prenant plus ou moins de temps selon les personnes, va les amener au seuil de la parentalité tardive.

Un temps pour vivre sa jeunesse

On pourrait être tenté – reprenant les mots d'ordre et les slogans de l'époque – de décrire cette période comme celle d'une liberté nouvelle pour l'individu ; on peut lui opposer que cette liberté est aussi l'expression d'une nouvelle norme pesant sur les individus pour qu'ils deviennent eux-mêmes. Et surtout, sous cette liberté nouvelle, se déploient aussi de nouvelles contraintes. Elles sont temporelles : il faut vivre intensément l'époque et les expériences que l'on peut faire, car le temps disponible n'est pas infini. Elles sont aussi biographiques : une nouvelle conception s'impose où l'individu est un sujet, libre de toute détermination, avec cette conséquence qu'il doit supporter la charge d'avoir à faire des choix.

Ces transformations concernent tout particulièrement les femmes, pour lesquelles il va s'agir d'accéder à un sentiment nouveau : être une personne. Le travail, la sexualité, la condition de femme, les engagements dans les organisations militantes ou syndicales deviennent, vers la fin des années 1960, autant de lieux de recherche et d'accomplissement de soi. La définition du travail connaît ainsi une modification sensible : il semble à la fois perdre de sa centralité et de sa valeur (« ne pas perdre sa vie à la gagner ») mais connaît, dans le même temps, une forte extension de son périmètre, avec la croissance du salariat, en particulier féminin. Le travail a une double face. Il n'a rien perdu de sa force d'obligation (puisque pour pouvoir vivre, il faut travailler), mais il est aussi une condition de l'émancipation et donc de l'autonomie. Il peut également devenir le lieu d'un accomplissement, en concurrence avec d'autres engagements (militants en particulier). Pour d'autres personnes encore, le travail n'a qu'une dimension alimentaire et le plus important est ailleurs, « après 18 heures », comme le résume Aurélie.

Née en 1947, elle est la cadette d'une famille ayant connu une naissance tardive, puisque sa sœur est née dix-sept ans après elle, alors que sa mère avait 43 ans et son père 54. Avant de devenir elle-même mère tardive, elle a donc vécu dans une famille tardive. Pour autant, cette dimension généalogique n'exclut pas un effet de période. Le récit d'Aurélie condense ainsi les transformations qui s'opèrent dans ces années 1970 : après un premier mariage dans la norme de l'époque, elle divorce et s'investit fortement dans le militantisme puis, progressivement, dans son travail.

Après des études à l'université, en partie par correspondance, entre Tunisie et France, elle se marie au milieu des années 1960 avec un homme divorcé, de onze ans son aîné (comme ses parents). Elle se retrouve ainsi, à chaque période de vacances, « en charge » d'enfants, même si, dit-elle, elle s'entendait bien avec eux. Fin 1968, son mari, qui est enseignant en Tunisie, décide de rentrer en France, et Aurélie se retrouve là sans l'avoir tout à fait voulu. Son mari se met en disponibilité et reprend des études. Aurélie trouve un emploi de contractuelle dans la fonction publique. Pendant cette période de croissance, les nombreux recrutements de jeunes diplômés dans certains secteurs de l'Administration nouvellement créés (l'informatique, la recherche) instaurent une véritable culture d'entreprise. On y est en effet entre soi, c'est-à-dire entre jeunes diplômés, partageant la même vision du travail comme quelque chose d'alimentaire et de l'emploi comme provisoire. Sur le plan privé, avec le retour en France, l'emploi qu'Aurélie a trouvé et ses nouveaux investissements syndicaux, le contexte conjugal a changé. Elle voit désormais les choses de manière différente. Ils divorceront en 1973. Dans les discussions, la question des enfants est souvent évoquée par son mari. Aurélie raconte aujourd'hui n'avoir jamais vraiment eu de position arrêtée sur le sujet : « Quand je l'ai quitté, je n'avais pas du tout conscience que c'était pour ça. Mais lui m'a dit "tu as eu tort de penser que je n'ai jamais voulu d'enfants. En fait, il y a eu un moment où j'en voulais et c'est toi qui n'en voulais plus !" Je n'en ai aucun souvenir ! En tout cas, je fais l'analyse que lui a vu cette raison-là, pour une part, dans notre divorce. »

Le récit qu'elle fait de cette période donne au contraire toute sa place au lent renversement des positions conjugales : elle commence lentement à ne plus supporter de n'avoir de place qu'*à côté* de son mari. « Quand on est arrivés à Paris, on faisait des repas tous les samedis, on invitait tout le monde, c'était table ouverte, ça m'a laissé de très bons souvenirs, moi je cuisinais, je faisais les courses et la cuisine et je faisais la vaisselle après. Un jour un ami m'a dit : "je me souviens d'un soir où on était là, je me souviens de Max qui parlait et toi qui lui grattais les cheveux." Je massais le crâne de mon mari pendant qu'il parlait. C'est l'image que ce copain m'a renvoyée. Je pense que c'est ça que je n'ai plus supporté, de manière pas très consciente, ni structurée [...]. L'analyse que je fais maintenant est que j'ai quitté mon mari parce que je m'étais mariée trop jeune et qu'il y a eu un moment, autour de 24-25 ans où l'avenir m'a paru borné. L'idée que je n'aurai que cette histoire d'amour dans ma vie m'a paru insupportable. Après un peu d'incompréhension, le fait d'être en France... Je me souviens par exemple que j'ai créé un syndicat assez vite, au boulot, et qu'un jour où je lui en parlais, il m'a répondu "je n'en ai rien à foutre de tes histoires de boulot et de syndicats. Arrête de m'emmerder avec ça !" Des trucs de ce genre... Pas de conflits dramatiques, mais la décision m'a paru un jour absolument lumineuse. »

Après son divorce s'ouvre une période de fort investissement militant, syndical et féministe. Son rapport au travail évolue et, au fil du temps, le détachement devient de moins en moins la norme : « Quand je suis arrivée, moi, mon idée, c'était le boulot d'appoint en attendant d'enseigner. En plus, je continuais mes études. J'ai passé ma maîtrise de philo, je bossais déjà. Maîtrise sur mémoire, donc je rédigeais le matin avant d'aller bosser, et ensuite j'ai fait une maîtrise de logiques mathématiques à l'usage des littéraires en travaillant. C'était quasiment que des cours du soir. [...] Le boulot, c'était l'idée de gagner sa vie en continuant ses études. Et en fait, le gars qui a décidé de me recruter sur CV avait, lui, en tête de me faire faire de l'informatique – 1970, ça commençait. Il voulait que je me forme. Moi : pourquoi pas ? Mais je lui disais que je ne voulais pas une formation longue qui m'engagerait à leur égard, parce que je voulais m'en aller. Il m'a dit "OK, on fait une formation plus classique, mais moi, je suis sûr que vous resterez, vous n'aurez pas de postes". Il a gagné ! Et donc, j'ai commencé comme programmeur puis analyste assez vite, puis chef de projet. Donc j'ai eu, oui, une carrière, y compris financièrement, bien rémunérée assez vite, au bout de deux ou trois ans, parce que c'était un statut d'informaticienne. Je gagnais plus que si j'avais été prof, et avec des perspectives de carrière. À l'époque, l'Administration pensait que l'informatique, ça ne durerait pas, donc ils nous avaient fait des carrières où on arrivait en fin de parcours en huit ans. Ça grimpait vite. Après, j'ai été bloquée un certain temps avant d'être reclassée dans un autre corps de contractuels, qui grimpait plus lentement mais qui continuait, puisque là j'étais arrivée en fin de carrière à 30 ans, c'était un peu frustrant. Donc des perspectives mais, à l'époque, aucun investissement professionnel. Enfin si, je faisais mon boulot mais la vie commençait à 18 heures. On était tous pareils. Je me souviens du premier copain parce qu'on était vraiment très copains, on a grandi ensemble, on peut dire, parce qu'on est tous rentrés à 22-23 ans, on était jeunes et on s'est formés idéologiquement, professionnellement. On était une sacrée bonne bande. On est restés d'ailleurs assez proches même si chacun est parti. Un jour, il y en a un qui dit "Jean-Marc, tu viens manger avec nous ?" et l'autre lui répond "Non, non, j'ai à faire !" On va à la cantine sans lui, c'était un peu loin, on prenait 2 heures pour manger tous les jours. Et quand on rentre, on s'aperçoit qu'il est resté pour travailler. Mais il n'avait pas osé le dire. C'était très mal vu à l'époque de s'intéresser à son boulot. C'est le premier qui est tombé dans la marmite. Après, on y est tous tombés à tour de rôle, enfin, presque tous. Et à partir des années 1980, il y a eu un très fort investissement professionnel et qui dure pour le coup. » Le travail va ainsi prendre de plus en plus d'importance et la norme de détachement faire lentement place à une norme d'investissement.

Dans cette période, les frontières de l'intime, du privé et du public interrogent fortement, en particulier les femmes. « Mon corps est à moi », « le privé est politique » : les slogans féministes permettent une politisation du « problème des femmes » et la constitution d'une cause universelle[16]. Si l'on peut parler d'engagement intense – et sans doute plus pour les femmes que pour les hommes –, c'est aussi parce qu'il s'y joue une dimension *existentielle* : le sentiment de pouvoir découvrir par ces expériences qui l'on est *vraiment*. Alors que certains de ces récits décrivent une séparation bien tranchée entre le registre des expériences professionnelles et celui des expériences personnelles (Aurélie), d'autres entremêlent les accomplissements publics (en particulier militants) et ceux plus privés, renvoyant à une vie sociale intense ou à une vie de couple.

Beaucoup des récits de ces hommes et femmes ayant vécu leur jeunesse dans cette période font apparaître l'articulation entre leurs engagements professionnels et militants et, parfois aussi, conjugaux et familiaux. Ils mêlent au fil du temps ces différentes dimensions ; le récit de soi met alors en avant la manière dont ces femmes ont réussi à « persévérer dans leur être social[17] ». Notons, sans généraliser, que c'est tout particulièrement le cas de femmes ayant été militantes féministes (ou proches du mouvement féministe), ce qui tient sans doute au travail propre à ce militantisme de politisation du privé et du quotidien.

De fait, l'engagement militant se traduit aussi par une activité souvent bien proche d'un travail, sans être vécue comme tel. Ce qui revient souvent dans ces récits, c'est la difficulté de ne pas se « faire bouffer » et de ne plus avoir de temps à soi. Cependant, cet engagement a une forte dimension subjective (c'est un choix) et affective. Il n'existe pas sans attachement, d'autant plus que, du fait de la proximité, on est souvent conduit à rencontrer et choisir ses amis et parfois ses partenaires dans le cercle militant. Il se différencie aussi fortement du travail dans l'illusion qu'il laisse d'être transitoire et facilement révocable. Et, dans l'humeur anti-institutionnelle de cette période, s'engager peut laisser penser que l'on n'est pas « pris par le système » puisqu'on se situe sur le terrain de l'activation des valeurs que l'on porte en soi.

Ce poids nouveau des expériences tient à une nouvelle définition de la jeunesse. La prolongation de celle-ci ne renvoie pas tant à un refus de vieillir qu'à une transformation de la dynamique sociale où la logique de l'expérimentation vient concurrencer la logique d'institution. La jeunesse devient une période « normale » de la vie, où l'on se forge ses propres expériences pour découvrir ce que l'on est et ce que l'on veut vraiment (le soi authentique). Les voyages, les aventures amoureuses et sexuelles, le travail, autant d'engagements pensés comme toujours révocables et que l'on se doit d'essayer.

Des expériences fortes n'engageant pas l'avenir

Pris par leurs nombreux engagements, beaucoup des parents tardifs de ces générations n'ont pas vu le temps passer. La dimension de forte implication de ces engagements personnels mais aussi le fait qu'ils sont vus comme provisoires, révocables et liés à leur jeunesse contribuent à rendre flou l'horizon temporel, et ce n'est que face à l'obstacle des 40 ans que ces hommes et femmes vont s'apercevoir qu'ils ont vieilli. Ce temps est vécu et n'est pas extérieur aux consciences : s'il passe vite, c'est bien en raison de l'intensité de cette vie du moment. Les engagements ont une double nature : ils s'accompagnent de nombreuses contraintes, mais celles-ci ne sont jamais vécues comme telles. Elles sont au contraire perçues sur le moment comme autant de chances d'expériences. Vivre le moment mais aussi découvrir, rester ouvert à toutes les potentialités, pouvoir saisir les opportunités : les expériences de la jeunesse doivent permettre de se découvrir dans la confrontation à une altérité. Dans ce modèle, le voyage seul dit plus la vérité des êtres et des pays que la croisière au long cours.

Vivre la vie comme elle vient, telle pourrait être la maxime de Marcel, qui a adopté deux enfants avec sa femme, tous deux à la quarantaine passée. Pour lui, la paternité tardive résulte pour partie d'une impossibilité biologique d'avoir des enfants et de la lenteur du processus d'adoption. Mais, avant de penser à adopter, il faut d'abord penser à faire famille. Dans le contexte de l'après-1968, c'est justement cela qui lui a pris beaucoup de temps.

En 1968, Marcel a 20 ans. Il est alors en hypokhâgne et découvre la politique. Il s'investit dans le journalisme militant (« pour donner la parole »). Il se marie en 1970, à 22 ans, avec sa fiancée « officielle », qu'il a depuis longtemps. Il fait ce choix sous la pression de ses beaux-parents et de sa femme, « qui n'assumait pas de dire à ses parents que le monde avait changé ». « Il n'y avait aucune préoccupation d'ordre familial, même si on a vécu ensemble, même si on avait un foyer avec un peu de meubles. [...] On vivait ensemble mais on ne partageait pas les mêmes choses. On ne faisait pas équipe commune pour tout. » Il divorce près de dix ans plus tard et fait alors des projets immobiliers avec une nouvelle compagne. Après avoir passé le Capes de lettres, sans vocation particulière – « J'ai été prof un peu par hasard » – il s'engage dans une thèse en linguistique qu'il n'achève pas. Il alterne l'enseignement à mi-temps et un séjour à Londres.

À 36 ans, il quitte l'enseignement. « Finalement je n'étais pas très à l'aise avec ce milieu-là, je n'avais pas envie de finir ma carrière dans l'Éducation nationale ! Une fois que j'ai eu 36 ans, il fallait que je parte, sinon je ne serais jamais parti ! Déjà que tu es limite vieux pour changer à 36-38 ans donc, après 40 ans, j'aurais divisé mes chances de partir par deux ou trois. » Tout en continuant à donner des cours, il travaille en *free-lance* puis se fait embaucher dans différentes entreprises de marketing et sondage, où il fait des études qualitatives. Il « recroise » une jeune femme qu'il avait connue en militant en 1968 et qui, souligne-t-il, a une trajectoire proche de la sienne : après une fac de droit, elle a bifurqué vers la littérature, a enseigné dans le privé et repris ensuite des études de linguistique. « La linguistique est une sorte d'épidémie, un nouveau militantisme [...]. La grande effervescence soixante-huitarde, on découvre des trucs, dix ou quinze ans après. Et là, il y a à nouveau une grande communauté intellectuelle qui se forme... Je ne plaisante pas, c'est sérieux. [...] Donc avec ma première femme (dont j'étais séparé mais qui était toujours ma femme), ma future, des tas d'autres copains, on a une espèce de vie en commun... »

Séparé de fait de sa femme mais non divorcé, il vit avec sa nouvelle compagne et ils partent ensemble durant trois ans en Angleterre « pour faire de la linguistique à sa source ». Ils reprennent une « vie d'étudiants adultes », alternant études, jobs (courts) et sorties. Au bout de trois ans, ils reviennent en France après avoir, disent-ils, « fait le tour ». Le retour est difficile : Marcel s'inscrit à l'université de Saint-Denis, qui avait l'image de faculté expérimentale de Vincennes qu'elle remplaçait (« là où sont les linguistes Chomsky »), pour reprendre sa thèse. Mais il se rend compte qu'il lui faut quitter son travail à mi-temps, car il ne parvient plus à mener les deux de front. Sa compagne commence une thèse qu'elle interrompt assez vite, son père tombant gravement malade. « Et là, elle décide que ça serait bien de rentrer dans la vie active quand même parce qu'il faut bien faire un métier dans la vie un jour ! [...] Munie de sa littérature et de sa linguistique, elle va faire une dizaine d'années de pub. » Faisant son deuil des études, Marcel reprend l'enseignement à temps plein et redécouvre avec intérêt le métier. Le projet d'enfant, qui a germé pendant leur séjour en Angleterre, prend forme, mais revenu en France, les examens confirment que Marcel ne peut pas avoir d'enfants. « La chose se confirme et donc, là, le projet d'avoir des enfants différemment naît. Du coup, revenu en France, il y a une période d'insémination artificielle qui dure assez longtemps, deux bonnes années. D'abord, il y a un processus de maturation : comment on se lance là-dedans, etc. Honnêtement, je pense que ça ne la branchait pas un max. Elle vit ça assez mal globalement. Il y a une espèce de quota, du genre on essaie ça dans les centres dix ou douze fois, je ne sais plus. Et puis on arrête parce que ça ne marche pas. [...] Et donc après, c'est une chose qu'on avait de toute façon envisagée et on avait fait passer devant l'insémination, on envisageait d'adopter. Ça prend quand même pas mal de temps. » Après instruction d'un dossier durant neuf mois, ils adoptent un premier enfant. Marcel a 43 ans et sa femme 44. Puis, un second deux ans plus tard. « L'âge n'était pas une question taraudante mais très clairement, on savait que ça ne serait pas forcément sans poser de problèmes. Mais ça n'a jamais été une question du genre "est-ce qu'on le fait ou est-ce qu'on ne le fait pas ?" Non, jamais. [...] On ne s'est jamais dit "on est trop vieux". Non, on ne s'est jamais dit ça. Par contre, la réalité de notre âge ne nous échappait pas vraiment. On fait vite le calcul. On se disait "là, il faut se magner un peu : 40 balais, quand il aura 20 ans, on en aura plus de 60". Ce sont des choses qui comptent. Et pour T., qui est arrivé derrière, on a enchaîné immédiatement. Ce n'est pas autorisé de refaire un dossier aussitôt, il y a un délai mais on l'a fait aussi vite qu'on a pu le faire, presque tout de suite, parce que justement, on trouvait que les années s'accumulaient. »

Alors que cette recherche du *soi* conduit à de forts investissements, elle fait aussi l'objet d'un important travail de rationalisation, pour que ceux-ci ne représentent pas un engagement irrévocable. Dans cette conjoncture de relatif plein-emploi (le chômage étant plutôt rare), les reprises d'études « à la fac », l'emploi non stable ou le travail *free-lance* plutôt que le « vrai travail » sont autant de façons de préserver l'avenir, de se dire que l'on n'a rien engagé de définitif, que d'autres voies sont encore possibles. Mais si l'indétermination permet ainsi de dire que l'on est resté jeune, elle contribue en retour à la faible conscience du temps qui passe. Et ce n'est qu'à l'occasion de situations de crise que l'individu fait le point et capitalise ses expériences. Cela explique ce ton désabusé qui traverse certains récits quand, dans une situation où les personnes viennent à parler d'elles-mêmes, elles font le bilan qu'il ne leur reste que peu de choses de cette période. C'est d'autant plus le cas lorsqu'un fort engagement professionnel ou militant n'a été suivi d'aucun bénéfice autre que symbolique, et semble rétrospectivement surtout les avoir empêchées de mener une vie « normale ».

Le temps est également une question d'anticipation, et « ne pas voir venir » constitue une manière d'envisager son temps biographique autrement.

Louise, née en 1950 d'une famille modeste (père ouvrier agricole) de Normandie, l'aînée de quatre filles, pourrait incarner cette voie qui mène finalement à faire famille tardivement. Louise a le bac après une seconde terminale et devient institutrice la même année, en 1970. Après quelques années de remplacement dans sa ville natale, elle est nommée « volante » (remplaçante) dans sa ville natale, puis à un poste fixe dans les alentours. Le collège unique se met lentement en place (en 1975) et elle se retrouve enseignante en classe de transition. Elle retourne ensuite en élémentaire, dans une école de campagne dont elle devient la directrice. Elle y habite une dizaine d'années.

Pendant cette période, elle a une vie active (« J'étais de tous ces moments-là, festifs et culturels »), de nombreux engagements associatifs, surtout dans le secteur de l'encadrement de vacances : « Des voyages, beaucoup d'encadrement de centres de vacances, énormément, j'ai tout fait : animatrice, directrice adjointe, gestionnaire, formatrice d'animateurs, ça m'a bouffé un temps fou. J'étais prise dans un engrenage qui me permettait de ne pas penser. » Elle dit avoir toujours voulu privilégier le professionnel, au contraire de sa sœur qui a arrêté de travailler pour aider son mari artisan et disait toujours qu'elle privilégierait la famille. Louise, elle, compense en quelque sorte ce que sa mère, qui rêvait d'habiter en ville et d'être enseignante, n'a pas pu faire.

Cette hyperactivité la fait délaisser la sphère affective, qu'elle dit avoir complètement occultée : « C'est maintenant, après tant d'années, que je me rends compte de tout ce volet. [...] Ça ne m'intéressait pas du tout. J'avais plein de copains et de copines, c'est vrai, mais pas dans des histoires qui m'engageaient affectivement. Et c'est très curieux, parce que c'est maintenant que j'ai des retombées, c'est là qu'on voit que toute notre histoire nous appartient. À l'époque, j'étais à mille lieues de ça. »

En 1985, elle part à Paris pour une formation de psychologue scolaire pendant deux ans. Elle garde son logement mais partage là-bas une chambre avec une amie. Elle profite de la vie culturelle à Paris. Elle vit quelques histoires sentimentales qu'elle ne semble pas plus investir que cela. Elle ne voit pas le temps passer, d'autant plus qu'elle fréquente des gens plus jeunes qu'elle : « Je ne le voyais pas, moi, le problème. Je fréquentais des gens plus jeunes aussi et je ne le voyais pas. C'est vrai, je n'ai pas vu venir. »

Elle revient en 1987 en Normandie en tant que psychologue scolaire, tout en poursuivant en licence à Paris, puis en maîtrise l'année suivante. Elle continue donc de vivre à 150 %, mais en commençant à faire le tri : « Là, j'ai débrayé complètement de tout le reste, je ne voyageais plus. » C'est dans cette période qu'elle rencontre son mari, enseignant de Dordogne, déraciné à

Nemours, et qui gagne la capitale pour y échapper. Ils sont tous deux d'origine ouvrière, ce qui importe beaucoup à Louise, qui attend d'une relation durable que ça « colle parfaitement ». Ils se retrouvent sur le terrain des voyages et des randonnées. Il vient habiter avec elle, mais dans un nouveau logement. Ils se marient en 1990, elle a 40 ans. Alors qu'elle dit ne pas avoir ressenti fortement le désir d'enfant, à force d'en voir chez les autres, ils essaient tout de même rapidement d'en avoir, avec le sentiment que l'âge presse. Ce sera en vain, les analyses révélant la stérilité de son mari. À 42 ans passés, elle ne rentre plus dans les protocoles de la PMA et ils se tournent vers le privé. Mais, face à des pratiques qui les choquent, ils s'engagent dans une démarche d'adoption, qui se concrétisera l'année de ses 47 ans.

Le temps des engagements professionnels et militants est un temps bien rempli (comme peut l'être d'ailleurs le temps passé à élever et éduquer des enfants), ce qui fait que certains de ces hommes et femmes ne voient pas le temps passer. Mais, en contraste de ce temps vécu, le temps ponctué de l'avancée en âge se rappelle parfois à l'occasion des anniversaires où souvent, à l'approche du cap de dizaines (la trentaine, la quarantaine), s'expriment des rappels à l'ordre des âges[18]. Parfois encore c'est la comparaison avec la situation de proches qui fait prendre conscience que l'on vieillit. Lorsqu'elle survient dans un moment d'expériences difficiles, cette comparaison peut conduire à faire un bilan négatif et à tenter de forcer le cours des événements.

Joséphine est née dans un milieu populaire (son père était chauffeur et sa mère couturière travaillant à domicile). L'histoire de son enfance est marquée par des tensions conjugales et le poids de la guerre. Sa mère n'aimait pas vraiment son père et se marie avec lui durant la guerre, par procuration, alors qu'il est prisonnier. Joséphine naît au retour de son père, en 1946. Un père absent, qui adore sa mère sans être payé de retour, car elle le méprise presque de n'être resté qu'un ouvrier, *un col-bleu*, elle qui rêvait d'une ascension sociale. Le mariage de ses parents va mal et ils divorcent lorsqu'elle a 12 ans. Elle est alors ponctuellement élevée par ses grands-parents puis retourne vivre avec sa mère et son beau-père. Les relations avec celui-ci deviennent difficiles et bien que n'étant pas encore majeure pour l'époque (elle n'a « que » 18 ans), elle est poussée à prendre son autonomie. Malgré ses bons résultats scolaires, sa mère ne l'encourage pas à réussir des études dont elle ne voit pas l'utilité.

En 1964, elle découvre au lycée un univers qui lui est étranger : mixte et revendicatif. C'est le début d'une carrière militante qui prend forme en 1968 (elle entre dans les Jeunesses communistes révolutionnaires) et, parallèlement, de sa première aventure amoureuse. Elle se marie quelques mois plus tard, alors que la période n'est pas au mariage. En 1969, elle tombe enceinte. Son mari ne se voit pas père et, dit-elle, ne veut pas reproduire les mêmes erreurs que les parents de Joséphine, utilisant pour son propre compte son histoire à elle. Elle se fait avorter, dans les conditions difficiles de l'époque. Cette expérience vient renforcer ses convictions militantes. Mais l'avortement déclenche chez eux l'envie d'avoir un enfant et une fille naît en 1970 alors qu'ils ont tous deux 24 ans. La répartition des tâches qui accompagne la fondation d'une famille ne se passe pas sans heurt car, professionnellement, Joséphine se sent en concurrence directe avec son mari, au sens où elle souhaite réussir mieux que lui. Elle fait une dépression et, pour s'en sortir, s'investit pleinement dans des groupes militants féministes, forte à la fois de son expérience de l'avortement mais aussi de ses expériences conjugales. Elle entame une épreuve de force avec son mari. Elle le trompe, renverse les rôles en ne rentrant pas certains soirs ou tardivement. Ils se séparent en 1975, elle a alors 29 ans.

L'entretien remarquablement long (plus de trois heures) donne à voir le poids des effets de période influant sur les formes d'accès à la parentalité. Avec ses nombreuses liaisons (dont certaines l'ont marquée), la vie en communauté, celle de son organisation politique, c'est toute l'histoire de l'après-1968 qui est convoquée. On y retrouve aussi les caractéristiques de l'équipement militant de l'époque : la « pression », les « rapports de force », « l'autorité masculine », « l'envie de vivre libre » ponctuent son récit et marquent le vrai travail de réflexion sur elle-même qu'a mené cette femme d'origine populaire pour fabriquer son avenir.

En 1992, elle a 42 ans et sa fille 22, elle se retrouve enceinte (elle était sous stérilet mais avait un désir d'enfant très fort et fait donc partie du « 1 % inexplicable »). Le père refuse l'idée de la paternité, en regard d'une situation professionnelle et personnelle difficile : il est algérien et veut retourner dans son pays qui connaît alors une crise politique majeure. Il connaît aussi des échecs dans ses projets de création culturelle ; la paternité c'est pour lui *en rajouter*. Joséphine avorte donc, ce qu'elle vit assez mal. Ils divorcent peu de temps après. Elle renoue une relation avec un de ces précédents amis avec lequel elle entretenait toujours de bons rapports. Le couple se « stabilise », dit-elle. Ils se marieront même quelque temps plus tard. Sans prendre cela tout à fait au « sérieux », ils envisagent de faire un enfant. Son compagnon lui demande : « Tu ne peux plus avoir d'enfant ? » Elle répond : « Maintenant, non, c'est pas sérieux d'en avoir, étant donné mon âge, mais effectivement, physiologiquement, je peux encore en avoir. Il faut faire attention. » Joséphine se souvient : « À partir de ce moment-là, il a dit : chiche ? J'ai dit chiche. Parce que, en fait, j'avais très envie d'avoir un enfant, je m'en étais rendu compte quand j'étais tombée enceinte avec mon stérilet, à 42 ans. [...] J'avais complètement occulté ça, parce que ça me semblait... À cette époque, j'étais hantée par l'idée de mon âge. Je trouvais ça indécent de penser concevoir à l'âge que j'avais. J'avais 46 ans. Et je trouvais ça... J'avais honte. Vraiment, j'avais vraiment honte. Et de penser qu'un homme... M., vraiment, rien ne l'arrêtait, il dit : "On ira voir des professeurs et tout..." C'était l'époque où, dans la presse, on parlait de grossesses très tardives [...]. Moi, j'avais honte mais je n'avais pas peur du tout. J'avais l'impression de transgresser un tabou. À l'époque, je pouvais être grand-mère. [Mes filles] ont 25 ans de différence. [La première] avait 22, 23 ans à l'époque. Je le vivais très mal. Alors, bon, en général on ne me donnait pas mon âge. Donc ça passait. Je passais pour une femme qui arrivait à la quarantaine, c'était assez fréquent. »

Ces récits ont une dimension individuelle marquée que l'on ne retrouve pas dans tous les entretiens, ce qui tient à la fois à la période et aux trajectoires des personnes. Ils sont en effet majoritairement ceux de femmes qui, dans le contexte de l'époque, ont été sensibilisées à la question du genre, du devenir femme. Elles ont ainsi été amenées – par le travail militant, appuyé parfois par la psychanalyse – à réfléchir à leur condition de femmes et à leur histoire personnelle et conjugale. Symptomatiquement, c'est dans les récits des femmes issues de catégories populaires qui se sont le plus détachées[19] de leur origine qu'apparaissent souvent les rapports de force par lesquels elles ont réussi à s'imposer et à devenir elles-mêmes.

On retrouve, ce faisant, un « effet de période ». Le sociologue Alain Ehrenberg évoque les *logiques de performances* pour décrire ce souci minutieux de soi qui se développe depuis les années 1970 (et qui perdure aujourd'hui sous d'autres formes).

Robert Castel, quant à lui, parle d'un *excès de subjectivité* et de *techniques d'intensification du moi* pour qualifier le dispositif psychanalytique. Il est vrai que celui-ci n'est jamais bien loin dans certains récits, soit parce que les personnes étaient elles-mêmes (comme cela se faisait beaucoup à l'époque) engagées dans une cure, soit encore parce que certains éléments de leur discours empruntent à une vulgate qui s'est fortement diffusée, au-delà de l'univers de la « psy ».

Poser la question au bon moment

Avec la diffusion de formes plus efficaces de contraception, les problématiques conjugale et familiale vont se découpler. Vie de couple et vie de famille ne se confondent plus ; elles se distinguent temporellement comme autant de séquences dont l'enchaînement est le lieu d'un choix : un régime de fécondité choisie[20] se substitue à un régime de fécondité forcée. Cette transformation n'est pas sans conséquence, elle favorise et renforce l'émergence d'un nouveau modèle de la famille. Celle-ci se conçoit et s'organise désormais autour de l'enfant, pensé comme projet. Le passage à la famille et l'exercice de la parentalité ne sont plus considérés comme des contraintes – imposées par la nature, un créateur ou même la société. Ils sont perçus comme des choix exercés par des individus autonomes et comme des engagements permanents[21].

À partir du moment où les unions sont moins fortement instituées – moins longues et parfois même en pointillés (entre différents partenaires) –, les formes et le moment du passage à la famille vont être modifiés. Le plus souvent, ce passage s'opère « naturellement », sur le mode de la programmation ; la conception est inscrite dans l'horizon temporel des couples non tardifs (souvent par calage sur le cap de la trentaine) et l'engendrement survient lorsque les conditions sont réunies. Quand elles ne le sont pas, le projet d'enfant est repoussé à plus tard.

Dans certaines configurations, la question des enfants n'est pas (ou plus) posée, elle n'est pas inscrite dans l'horizon temporel du couple. Celui-ci s'est construit et a trouvé son équilibre avec l'idée qu'il n'aurait pas d'enfants. Cette prolongation de la vie de couple sans enfants ne doit pas être vue seulement en négatif : elle est perçue par les individus comme une expérience forte.

Le récit d'Octavie donne à voir l'articulation des logiques généalogiques, conjugales et professionnelles qui peuvent rendre une conception inenvisageable.

Née en 1947, dans une famille d'artistes de la moyenne bourgeoisie, Octavie considère avoir hérité d'un don pour les arts plastiques (son grand-père était sculpteur) et décide de poursuivre la généalogie familiale en devenant peintre. Après sa maîtrise, elle découvre l'archéologie en même temps qu'elle rencontre son futur époux, de dix ans son aîné. Ils se marient en 1970. S'ensuit une période consacrée aux fouilles, en Iran : un travail prenant, dans des conditions qui ne permettent pas d'avoir des enfants (« Nos chantiers sont au bout du monde. Il n'y a rien. »). À l'époque, son mari ne tient pas à avoir des enfants. Elle y est encore moins favorable, du fait de son histoire personnelle lourde. Elle a en effet eu un fils à 19 ans et, n'ayant pu avorter, elle l'a fait adopter avec l'aide de ses parents, dans le secret de son entourage. De plus, elle a été très choquée par l'histoire d'une de ses amies, ayant donné naissance à un enfant trisomique. Leur vie se poursuit donc ainsi : ils travaillent ensemble, prennent des vacances séparément. Leur couple se construit sur l'idée qu'ils n'auront pas d'enfant, il est d'ailleurs perçu comme tel par leurs proches. Mais, autour d'eux, les enfants naissent et apparaissent. Son frère qui ne peut avoir d'enfant en adopte. Les remarques de son entourage – « Toi, tu ne sais pas, tu n'as pas d'enfant » – sont autant de blessures pour Octavie.

Le projet d'enfant prend forme. Au même moment, sa vie professionnelle bascule : l'Iran ferme ses frontières et les chantiers sur lesquels Octavie et son mari s'étaient tant investis sont abandonnés. Des opportunités de fouilles à Chypre rendent le projet d'enfant possible. En 1982, elle apprend l'existence de l'amniocentèse et décide d'y recourir, même si elle n'a pas l'âge (elle a alors 35 ans), pour vaincre ses craintes et surmonter les réticences de son mari. Elle le fait « céder » et venir à cette idée « à reculons ». Elle obtient son amniocentèse, malgré les rebuffades médicales et les nombreux obstacles qu'elle rencontre[22]. Elle fait malheureusement une fausse couche au bout d'un mois de gestation. En 1987, son père est atteint d'un cancer dont il mourra un an plus tard. Octavie dit ne plus avoir voulu d'enfant dans cette période ; c'est son mari qui va la convaincre de recommencer. Début 1988, un enfant naît : elle a 41 ans et son mari 51.

Après cet « enfant de vieux » (« Enfant de vieux, c'est une expression… Moi, je ne le pensais pas, mais quand mon mari est allé déclarer l'enfant, on lui a dit : "Le père n'a pas pu venir ?" Alors, c'est pour ça. Un de mes amis disait "moi, je suis un enfant de vieux". Moi, ça ne m'a jamais choquée, mais je sais que pour un enfant qui a des parents plus âgés, c'est un problème »), Octavie a repris contact avec son fils abandonné à la naissance. Elle trouve qu'il lui ressemble un peu physiquement et beaucoup intellectuellement. Il est d'ailleurs devenu danseur, prolongeant en quelque sorte le don familial pour les arts.

Toutes les situations n'ont pas la même netteté que pour Octavie. Parfois, la question des enfants n'est même pas mise à l'ordre du jour. Dans d'autres cas, elle est formulée mais remise à plus tard, pour n'être ensuite jamais reprise.

C'est, par exemple, le cas de Didier qui, alors qu'il envisageait de la quitter, va finalement accompagner sa femme atteinte d'un cancer. Didier est né en 1948 dans une famille petite-bourgeoise de province, comme il le précise lui-même. Il explique sa trajectoire (choix des études, investissement familial, etc.) comme une réaction face à son père et son milieu. Après son bac en 1968, il « monte » à Paris pour suivre une amie, plus âgée que lui de dix années et avec laquelle il se marie deux ou trois ans plus tard. Cette relation contribue à le brouiller avec la famille. Selon lui, c'est par choix idéologique, « contre sa famille », qu'il ne veut pas faire d'enfant. Face à son refus catégorique, sa femme tente de l'amener à envisager d'adopter, pour surmonter son dégoût de faire famille. Mais aucune suite n'est donnée à cette idée. Pas forcément fidèle, il ne remet cependant jamais en cause le confort de son couple, même quand il tombe amoureux de celle qui deviendra sa seconde femme plus tard. Il reprend des études, « pour exister », dit-il, dans un univers « où l'on n'existe que par le diplôme ».

Alors que le couple est chancelant, au bord de la rupture, sa femme découvre qu'elle est atteinte d'un cancer. Il réinvestit son couple et l'accompagne dans cette épreuve par devoir et compassion, tout en continuant (un peu moins toutefois) à sortir. Il vit la mort de sa femme, quatre années plus tard, comme une souffrance mais aussi un soulagement. Il reprend des études, « explose », dit-il, dans ses expériences de vie et décide finalement de « se poser ». Il reprend contact avec une femme dont il était tombé amoureux et une histoire prend forme rapidement. Ils se marient en 1992, elle a 34 ans et lui 44.

Dans ce nouveau contexte conjugal, il adhère à l'idée de faire famille. L'écart d'âge de dix ans entre les conjoints est cette fois inversé par rapport à son précédent couple où, étant plus jeune que sa femme, il avait du mal à s'imposer et semblait mal vivre la muette réprobation familiale à l'égard de cet écart d'âge « anormal ». Ils ont, un an après leur mariage, un premier enfant. Didier cédant aux arguments de sa femme, ils en ont un second, trois années plus tard : « Je me souviens, on avait eu une discussion dans un restaurant. Une discussion un peu *hard* : "Un deuxième enfant, t'as vu l'âge que j'ai ! – C'est justement parce que tu as cet âge-là qu'il faut avoir un deuxième enfant." Et puis, je crois que j'aime bien aussi les enfants. Donc je me suis dit, oui, c'est un bon argument. Je trouve que quand on a un frère ou une sœur, c'est un point d'appui, en tout cas, c'est une référence. »

Hommes et femmes face au temps

Ce n'est pas parce que la contraception permet dorénavant de mieux programmer les conceptions, en en faisant le projet, que les individus et les couples sont toujours dans une logique de prévision et de calcul rationnel. Dans les faits, l'entrée en famille est liée à la manière dont la question des enfants est posée (et résolue) dans le cadre conjugal. La réponse donnée dépend de plusieurs éléments : la façon dont un des conjoints peut imposer son point de vue, la fréquence des discussions qui peut amener à la dilution de la question dans le temps, leur caractère explicite ou implicite.

Parfois, la question des enfants n'est abordée qu'à demi-mot, surtout lorsqu'il y a un doute sur la situation conjugale ou les enjeux relatifs au fait d'avoir des enfants. Les choses ne sont pas pour autant figées et peuvent ainsi fortement évoluer.

Le récit de Jeanne met en avant le temps qui passe, les négociations à l'intérieur du couple et le poids des accomplissements. Il montre ainsi comment ces facteurs vont avoir un poids différent au fil du temps.

Née en 1944, Jeanne entre à l'école normale d'une grande ville de l'ouest de la France, poussée par ses parents qui, orphelins, n'avaient pas pu faire d'études (son père était charpentier et sa mère couturière). Après avoir passé son bac, elle monte à Paris rejoindre un ami qu'elle connaissait depuis plus d'un an. Ils se marient deux ans plus tard, en 1967. Elle occupe plusieurs emplois dans le privé et entre en 1970 dans un grand établissement de recherche public comme secrétaire. Ils s'installent dans une vie très active et pratiquent de nombreuses activités en dehors de leur travail : sport, randonnées, cinémas, etc.

Au contraire de son mari, qui manifestait davantage un désir d'enfant, elle n'envisage pas d'en avoir : « Moi, j'avais l'impression que ça allait nous changer complètement la vie. Parce que le boulot ne me suffisait pas, c'était tout ce que je faisais à côté qui comptait, et j'avais l'impression que si j'avais un enfant, je n'allais plus l'avoir. » En 1970, c'est encore la méthode Ogino qui prime, la contraception orale commençant à peine à se diffuser. En 1983, elle tombe enceinte mais fait une fausse couche. N'étant pas encore prête à être mère, elle ne vit pas vraiment mal cet événement, même si celui-ci, rétrospectivement, semble lui avoir permis de se préparer à sa future maternité (« Ça m'a donné un peu plus de temps, de recul »). Deux ans plus tard, elle est de nouveau enceinte. Un enfant naît dans les années 1980, elle a 41 ans, comme son mari.

La question des enfants est mise à l'ordre du jour en fonction de la conscience que l'on a du temps que l'on peut se donner. Si certains récits mettent en avant un temps que l'on ne voit pas passer, par excès d'investissement, d'autres évoquent, au contraire, une donnée qui se mesure au fil des événements, en particulier au travers de l'âge. Celui de la femme surtout, compté au seuil de la quarantaine comme le temps qu'il lui reste pour avoir des enfants. Mais cette prise en compte de l'âge n'est pas indépendante d'un contexte qui amène à en prendre conscience ; à se dire qu'il est temps. Et quand bien même, il faut faire avec de nombreuses contraintes, régler parfois de nombreuses questions, affectives, familiales, professionnelles, militantes parfois aussi. Lorsque le temps se compte, voir ses amies faire des enfants, les unes après les autres, et ne pas pouvoir s'empêcher de comparer les situations est souvent une expérience difficile. Et que dire quand s'ajoute à cela la pression normative (et plus explicite) des proches pour accélérer le tempo, trouver le bon conjoint qui plaise à tous, s'y mettre vite ? Ces récits sont majoritairement ceux de femmes. Ils mettent largement en avant le sentiment de l'urgence face à un temps qui passe trop vite en regard de tant de choses à vivre mais aussi de contraintes difficiles à surmonter. C'est le cas de Claudine, qui a adopté seule un enfant à 48 ans. Son récit condense ces effets de période et ce poids nouveau qui va peser sur les femmes cherchant à s'émanciper et à échapper à leur destin de filles de « bonne famille ».

Claudine est l'aînée d'une famille de cinq enfants de la bourgeoisie de province. Son père (fils d'officier de marine) était ingénieur et sa mère était au foyer. Elle reçoit une éducation catholique : scoutisme durant ses loisirs et école catholique jusqu'au lycée. Après un déménagement, ses parents la placent dans « l'école du diable », comme ils l'entendront dire dans leur milieu : un lycée public. Malgré ses difficultés scolaires, elle y découvre une certaine liberté (notamment intellectuelle) et cette nouvelle expérience la convainc de la nécessité de s'éloigner de son milieu : « J'avais besoin comme tous les jeunes de cette époque de savoir qui j'étais, où j'en étais. »

En 1963, elle part à Paris. Elle découvre le milieu étudiant, proche de l'Unef, sort beaucoup et « ne voit pas le temps passer », comme elle le répétera souvent dans l'entretien. Elle reste sous la surveillance de sa famille. Ces parents la logent d'abord chez des sœurs puis elle se retrouve dans un foyer tenu par une tante religieuse assez ouverte (« Dans la famille, elle était surnommée la cryptocommuniste parce qu'elle avait vécu en Espagne, elle était bonne sœur en civil »). Bon an mal an, Claudine poursuit ses études jusqu'en 1968 où, sa maîtrise en poche, elle veut désormais prendre son indépendance. Elle commence à enseigner. À cette époque commence sa double vie, avec d'un côté le militantisme et les étudiants de l'Unef, et de l'autre ses responsabilités d'enseignante au contact des élèves « disqualifiés » du technique. « Je commençais à être politiquement formatée. Par exemple, je contestais l'orthographe, la grammaire. Avec mes élèves, je faisais des textes politiques, je leur faisais lire des livres qui leur faisaient prendre conscience de leur condition ouvrière. Résultat, elles ont été collées au CAP et elles sont venues me trouver en me disant "merci, nous, on a eu zéro à la dictée". Et là je crois que j'ai mis un pied dans une forme d'âge adulte. »

Elle côtoie beaucoup de gens du milieu du cinéma, a plusieurs histoires amoureuses, « toujours assez névrotiques », dit-elle. Son parcours s'inscrit dans une ambiance post-1968, où la libération sexuelle tient une grande place. Claudine cohabite un temps avec une bande d'amis homosexuels assez protecteurs. « Je n'arrivais pas à me stabiliser avec un mec. Ma vie amoureuse était très compliquée, parce que je pouvais tomber amoureuse quand même de mecs hétéros, mais j'étais très attirée par ce monde de la nuit, de la fête, de l'intellect, de la rigolade surtout. [...] Je crois que, vraiment, c'était la gaieté, côtoyer les gays dans tous les sens du terme, ça m'ouvrait des fenêtres sur un monde qui n'était vraiment pas le monde de l'enseignement. »

Dans cette recherche d'elle-même, elle se trouve tiraillée entre différents univers, dont l'univers familial qui pèse encore beaucoup. Elle se dit ainsi « déchirée », en proie à la « schizophrénie » : « Pour moi, le monde avait explosé, je n'étais plus chez mes parents, je n'étais pas non plus à l'Union des étudiants communistes, je n'étais pas vraiment à l'Unef [elle n'était pas encartée], j'étais dans un monde en recomposition complète. Mais pendant ce temps-là, effectivement, le temps passait. À l'époque, je me disais qu'il faudrait que je me trouve un mec avec qui je partage le même idéal politique, mais qui ne soit quand même pas trop éloigné de ma famille. Parce que, quand je ramenais des mecs à la maison, ça m'arrivait, ma mère trouvait toujours qu'ils n'étaient pas assez bien [...], donc ça m'énervait. Je ne voulais pas non plus complètement rompre avec mes parents, donc on se disputait mais on se réconciliait ensuite. »

Elle passe le Capes un peu par hasard et obtient son premier poste à, déjà, 30 ans. Elle vit cette expérience comme un exil qui, dit-elle, « rétrécit sa vie ». Elle revient ensuite enseigner dans la banlieue nord de Paris. Elle y découvre, déjà, des difficultés mais a du mal à trouver écho à ces problèmes lorsqu'elle en parle autour d'elle, dans le milieu du cinéma (son amant de l'époque travaille aux *Cahiers du cinéma*) ou avec ses sœurs et son beau-frère (journaliste). Après trois ans, elle postule pour un poste au lycée d'Enghien où elle peut faire de l'innovation pédagogique en lien avec son intérêt pour le cinéma et la vidéo. En 1982, elle obtient un détachement pour travailler dans un établissement parapublic. Au gré des alternances politiques, elle passe de l'Éducation nationale à l'administration de la jeunesse et des sports, ce qu'elle vit relativement mal.

La distance s'installe peu à peu avec ses copains. Elle entreprend une longue psychanalyse : « Je me disais "pourquoi je n'ai pas d'enfants ? pourquoi mes histoires d'amour tournent toujours mal ?", j'étais quand même très névrosée. » Elle vit à partir de 1980 une histoire amoureuse un peu plus stable, bien qu'une fois encore assez compliquée : il est marié, a déjà un enfant. Elle dit vouloir avoir un enfant de lui, il hésite mais donne finalement son accord. Elle arrête la contraception mais le temps passe et elle ne parvient pas à tomber enceinte. Il est pour Claudine hors de question de s'acharner et d'envisager un suivi médical. Elle veut « laisser faire la nature », peu sûre finalement des désirs de son amant et de sa relation en général. Et de fait, leur liaison se délite et se termine en 1985. Elle se dit alors que « c'est trop tard pour avoir un enfant ». Elle fréquente ensuite un homme qui a déjà deux enfants et n'en veut pas d'autres. Dans son entourage, ses amis, son frère mènent une vie de famille qu'elle considère comme « normale ». Même sa sœur qui, ayant une liaison avec un homme marié, aura un enfant avec lui. Claudine, elle, a le sentiment d'avoir raté sa vie et se sent inutile : « J'allais rester vieille dans un monde de vieux et le monde allait s'arrêter là. Pour moi ça n'était pas possible, surtout que je me sentais encore jeune… même si je ne l'étais plus tout à fait. »

Peu à peu Claudine se convertit à l'idée de l'adoption (à la suite d'une de ses sœurs qui a déjà engagé des démarches), sans toutefois trouver beaucoup d'appuis dans sa famille, car elle a pour projet d'adopter seule. Cette décision prend sens ici au regard d'une trajectoire familiale mais aussi affective, marquée par une succession d'histoires passionnelles difficiles.

On le voit avec Claudine, pour « expliquer » une parentalité tardive, les récits déploient souvent une histoire très personnelle des attachements et détachements singuliers de chacun par rapport à la famille ou aux personnes rencontrées et, parfois, au travail. Ce type de récit est lié à la période, aux manières de faire couple et famille. Mais, chez Claudine, cette histoire affective n'est pas séparable du sentiment d'un temps qui passe et d'une difficulté à tout tenir quand l'urgence va en s'accélérant à mesure qu'approche la quarantaine. Par-delà la singularité des histoires individuelles, sous l'angle du rapport au temps les récits féminins se distinguent des masculins. En effet, les hommes et les femmes ne disposent pas d'autant de temps pour avoir des enfants, ce qui fait que lorsqu'elles n'ont pas encore eu d'enfant, une conception à l'approche de la quarantaine représente pour les femmes une chance ultime d'en avoir, alors que pour les hommes elle renvoie davantage à une forme de normalité. Le sentiment de l'urgence des femmes s'oppose de ce point de vue au sentiment pour les hommes qu'ils ont et peuvent se donner le temps : attendre que le contexte s'y prête et puisse faire qu'ils s'y sentent prêts.

C'est par exemple le cas de Boris qui dit « adorer » sa compagne de l'époque sans avoir pour autant envie d'avoir un enfant avec elle. Né en 1951, de parents petits agriculteurs montés à Paris, Boris intègre comme son père et son oncle la RATP. En décalage par rapport à la culture ouvrière (le flicage des petits chefs, les syndicats, la propension des travailleurs à boire tous les midis), il trouve son travail sans intérêt et ne le voit plus que comme un moyen de financer les nombreux voyages qui rythment sa vie. Il entretient une relation par intermittence avec une jeune femme qui a un enfant avec qui cela se passe plutôt mal. Ils s'installent dans des appartements en duplex, chacun conservant un étage. C'est une relation que Boris qualifie d'« étrange » qui s'instaure alors sous forme de cohabitation : Boris et son amie sont à la fois proches mais chacun chez soi, sans partage de vie commune, libres de ramener de nouveaux partenaires mais jaloux que l'autre le fasse. La question d'avoir un enfant finit par être posée par sa compagne mais Boris n'en veut pas, marqué par son expérience malheureuse avec le premier fils de sa compagne mais aussi dubitatif quant à leur relation de couple. Il n'est pas prêt, même s'il « l'adore ». Leur relation achève de se dégrader et ils rompent peu après.

La paternité tardive s'inscrit chez Boris dans un contexte général de changements immobiliers (déménagement), professionnels (nouvel emploi à la RATP) et affectifs. Quelque temps après sa séparation, il rencontre en effet Alexandra – il a alors 45 ans et elle 35. Ils se posent rapidement la question de s'installer ensemble mais Alexandra y met une condition (« condition entre guillemets » souligne Boris) : avoir un enfant. À partir de ce moment-là, Boris se fait à l'idée de devenir père : « Je crois que j'étais prêt dans ma tête, j'étais disponible à ce moment-là pour plein de choses. [...] Alexandra me plaisait, mais l'idée d'avoir un enfant me plaisait beaucoup moins. Et puis je me le suis mis en tête, je me le suis raconté tous les soirs, les après-midi. J'y pensais, j'oubliais pendant quelque temps et d'un seul coup j'y repensais. Puis je me suis dit pourquoi pas. J'ai réfléchi et, un jour, je lui ai dit d'accord, d'accord. Et quasiment aussitôt, l'enfant est arrivé. »

Alors que son nouvel emploi pourrait lui permettre de continuer à voyager, il y prend désormais moins de plaisir et trouve moins de raisons de partir. Il s'épanouit dans son travail et, progressivement, dans l'idée de devenir (puis d'être) père.

Trouver la bonne personne

La vie de couple, la sexualité, les voyages, les sorties, sont autant de formes d'accomplissement individuel et conjugal, pour les hommes comme pour les femmes, rendant moins évidente la question des enfants. Le fait de devenir parent va désormais un peu moins de soi. Bien sûr, pour beaucoup de couples, et surtout ceux qui sont mariés, la question conserve une forme d'évidence et cette transition se fait encore relativement naturellement : les enfants sont inscrits dans l'horizon temporel de chacun et constituent plus immédiatement un devenir – un projet – conjugal. Le changement de statut du conjoint en parent n'est alors pas problématique. Mais dans d'autres situations, si le couple ne s'est pas construit sur l'idée des enfants, s'il n'est pas assez stable, si l'un des partenaires n'est pas prêt à « sauter le pas », ou encore si, faute d'une conception au bon moment, les enfants sont sortis de l'horizon temporel des conjoints, les choses se complexifient. Dans ces cas-là, il ne s'agit pas seulement de mûrir ou de se préparer psychologiquement à la parentalité, il faut rencontrer la « bonne personne ». La décision de Boris est bien liée à sa nouvelle compagne. Grâce à elle, il a pu concevoir d'engendrer et se rendre disponible à la paternité.

Malgré tout, il est intéressant de constater le maintien d'une norme procréative[23] qui veut que l'on ne puisse avoir des enfants si le cadre conjugal n'est pas stable. Les individus peuvent ainsi papillonner, faire des expériences, brûler leur jeunesse et se dire libres : ils ne conçoivent pas d'avoir des enfants s'ils ne sont pas installés et si, pour la plus grande majorité, ils n'ont pas de projet conjugal d'engendrement.

Cette contrainte, là encore, ne pèse pas de la même façon sur les hommes et sur les femmes. Car l'inégalité des calendriers masculins et féminins ne renvoie pas à la seule logique biologique de la fécondité. Elle joue aussi sur le temps dont les uns et les autres peuvent disposer pour s'installer. On le voit particulièrement bien dans les récits des personnes qui n'étaient pas en couple stable à l'approche de la quarantaine : alors que les hommes décrivent une trajectoire de rencontres et de papillonnage (comme Boris), les récits des femmes révèlent la recherche du bon conjoint et les différentes tentatives pour passer aux choses sérieuses. Pour avoir un enfant, il leur faut d'abord trouver un père.

C'est, par exemple, le cas d'Aurélie dont la maternité tardive tient beaucoup à sa vie affective. Pendant longtemps, elle alterne des liaisons « sans engagement » et des histoires « qui comptent beaucoup ». Militante féministe de la première heure, elle est, à titre personnel, assez éloignée du désir d'enfant – même si, de fait, elle passe son temps à défendre le slogan majeur de l'époque : « Un enfant si je veux, quand je veux. » Mais, sur le plan conjugal, selon Aurélie, les conditions ne sont pas réunies : « Je crois que je n'ai jamais eu le désir d'enfant sans père. Ça, c'est tout à fait clair. Il fallait d'abord que je trouve un père dans ma tête. »

L'approche des 35 ans génère un sentiment d'urgence : « Je commençais vraiment à m'angoisser, à me dire que je n'en aurai jamais ! [...] Alors que pendant très longtemps je n'en ai plus voulu, je n'y ai plus pensé, j'ai laissé passer les années, je me disais que j'allais rater ça. Un sentiment d'urgence. Mais, en même temps, encore moins qu'avant l'envie d'en faire sans père. »

Alors, plus souvent qu'avant, sa vie affective intègre la question des enfants : « J'ai été très amoureuse d'un homme et avec lui, j'ai beaucoup parlé bébé. Mais lui ne voulait ni vivre avec une femme, ni avoir des enfants. » En 1983, à 36 ans, elle rencontre son futur mari : « Quand je l'ai rencontré, même avant, j'avais en tête que je voulais un père pour mes enfants. C'était un compagnon et des enfants. Je ne voulais plus perdre de temps. » Le projet se forme, ils s'installent dans le Sud. Ils ont un enfant en 1985 ; Aurélie a alors 38 ans. Elle discute de son projet avec trois de ses copines, du même âge et toutes sans enfant. Elles vont ainsi partager leurs expériences : « J'avais à l'époque trois copines que j'ai connues dans la sphère professionnelle, qui sont toutes militantes d'ailleurs, mais plutôt militantes syndicales, à peu près du même âge et sans enfants. Toutes parlaient d'en avoir. Donc, on a beaucoup discuté ensemble entre 1978 et 1983. "On le fait, on ne le fait pas", "C'est le moment, ce n'est pas le moment". Les trois autres avaient des compagnons solides donc, pour elles, la question du père ne se posait pas. Il n'y avait que pour moi qu'elle se posait. Mais elles avaient les mêmes interrogations : est-ce vraiment une nécessité pour une femme ? Qu'est-ce qu'on va sacrifier ? [...] Et en décembre 1983, la première fait un bébé. Décembre 1984, la deuxième. [...] Un jour, je ne sais plus quand, ma meilleure amie, celle dont je suis la plus proche, me dit "Tu te rappelles qu'on a toujours dit qu'on voulait faire un bébé ensemble, si tu veux le faire dépêche-toi parce que moi, ça y est, je suis enceinte." C'était un week-end, [mon conjoint] était à Paris, on est allés au restaurant et j'ai sangloté toute la soirée. Il me disait "Mais pourquoi tu pleures ? Tu devrais être contente puisque ta copine est enceinte !" Je lui répondais "Et moi ? Je n'en aurai jamais." Je pense que ça l'a décidé, de voir à quel point c'était important pour moi... Et donc, j'ai été la quatrième à faire un bébé, et je n'ai eu que six mois de décalage avec mon amie parce que mon bébé est né en avance. » Trois ans plus tard, à 41 ans, un second enfant naît. Elle est la seule dans son groupe de copines à avoir eu un autre enfant.

L'un des paradoxes de l'engendrement contemporain est ainsi qu'à mesure qu'il se définit comme projet individuel et conjugal, les contraintes relationnelles ne cessent de se renforcer. Le bon partenaire n'est pas toujours nécessairement perçu comme futur bon parent, quelqu'un avec qui on se verrait non seulement avoir mais aussi élever et éduquer des enfants. Par conséquent, il faut parfois de plus en plus de temps pour trouver le bon conjoint. Et tout se passe comme si, en regard du temps passé à trouver la personne correspondant à son idéal, on finissait par se satisfaire de ce qui est simplement possible. Et ce, d'autant plus si l'on manque de temps.

Le récit de Sylvie, née en 1953 en Algérie, décrit assez bien cette baisse d'exigence dans la recherche du conjoint lorsque les personnes vieillissent. Après l'indépendance, son père, industriel, reste en Algérie jusqu'en 1965. Dans l'intervalle, ses parents divorcent et sa mère, rentrée en France, se remarie avec un banquier. Le retour en France du père de Sylvie en 1965 est difficile : les difficultés financières et l'impossibilité de trouver un emploi entraînent pour lui un véritable déclassement social qui s'ajoute à une séparation qu'il n'a jamais supportée. En 1980, comme son frère à 20 ans quelques années auparavant et sa sœur plus récemment, il se suicide. Malgré cette lourde histoire familiale, les tensions et conflits permanents, la famille reste unie. Sylvie voyage beaucoup, en particulier durant les vacances scolaires. Après une scolarité assez chaotique, elle part en Angleterre, puis en Espagne où elle donne des cours d'anglais, pendant un an, avec une amie. Elle a 22-23 ans et mène une « vie de patachon » (selon sa propre expression), au contact d'une bande de Latino-Américains. Elle rentre à Paris, travaille pour le Quai d'Orsay comme interprète. Elle part un an en Amérique latine en 1980 pour voyager, seule, puis saisit l'opportunité de travailler en Corée dix-huit mois, avant de se rendre en Asie. Au gré de ses voyages se nouent des histoires amoureuses mais aucune n'apparaît vraiment significative. Elle rentre à Paris, alterne des périodes d'investissement professionnel et humain important et des périodes plus creuses. C'est lors d'une de ces séquences moins chargées, en 1988, qu'elle rencontre, à l'occasion de vacances chez des amis communs, son conjoint actuel. Ce n'est pas exactement le coup de foudre mais elle lui trouve de l'intérêt et « lui met le grappin dessus ». Par rapport à ses anciens amis (« des ténébreux, des chtarbés, des gens hors norme »), il détonne : elle le décrit comme issu d'une famille bourgeoise de Neuilly, directeur commercial pratiquant le golf à ses heures perdues.

Son récit mobilise successivement deux registres pour expliquer sa rupture avec son mode de vie antérieur et son installation. Le registre du choix raisonné se construit autour d'une opposition entre, d'une part, le désir d'enfant qu'elle a à partir de

30 ans et, d'autre part, la « fatalité » de ne pas avoir encore rencontré la bonne personne. Sa meilleure amie vient, elle, d'avoir une fille : « Claire, ça a vraiment été un détonateur. J'avais vraiment un désir d'enfant. Mais je me disais que je n'allais plus en avoir, que c'était trop tard. Donc j'étais partagée entre les deux. » Le registre de l'élection insiste quant à lui sur les qualités personnelles de son futur mari, pour faire de lui le meilleur choix possible : « Là, je tombais sur un amour de gosse. Sur tous les plans : généreux, sensible, un amour, quoi. Et je le trouvais super physiquement et tout. Et il était rigolo, surtout il était rigolo, moi j'aime bien rigoler. »

Ces différents récits nous montrent les transformations qui se sont fait jour depuis les années 1970. On ne fait plus désormais couple et famille de la même manière qu'auparavant. L'institution, la contrainte sociale et l'obligation semblent y avoir moins de place que l'amour et le sentiment, le choix individuel et le respect au quotidien de l'autonomie du conjoint. Face à moins de détermination, la liberté individuelle peut sembler plus grande ; elle s'accompagne d'autres contraintes. Car il faut désormais vivre sa jeunesse, changer le monde, faire carrière, s'accomplir dans sa vie de couple, trouver la bonne personne. Tout cela peut amener à prendre insensiblement du retard.

En raison de l'inégalité des calendriers masculins et féminins, ces contraintes ne pèsent pas du même poids sur les hommes et sur les femmes ; c'est pourquoi ils n'ont souvent pas la même mesure du temps qui passe. Dans le cadre de ces nouvelles manières de faire couple et famille, cette différence, on va le voir, est au centre des négociations conjugales déterminant l'entrée dans la parentalité tardive.

Une épreuve pour soi et le couple

La perception et le vécu des grossesses tardives contemporaines ont fortement évolué depuis les années 1960. Ces quarante dernières années, la diffusion de formes médicalisées de contraception, la légalisation de l'interruption volontaire de grossesse (IVG) ou encore l'émergence de l'engendrement par projet ont bouleversé les manières de devenir parent. L'apparition des diagnostics prénataux, notamment de l'amniocentèse[1], et, plus largement, la médicalisation de la grossesse et de la naissance ont permis de diminuer les incertitudes liées aux risques des grossesses tardives, sans pour autant faire disparaître le dilemme moral de l'avortement – doit-on « le garder » ou pas ? Mais, au-delà de cette amélioration des techniques médicales et de la connaissance des risques inhérents à une grossesse tardive, c'est la question du cadre de survenue de la parentalité tardive qui se pose aujourd'hui sous des formes nouvelles.

La parentalité tardive peut être une réponse à une question qui taraude le couple depuis longtemps. Elle peut, au contraire, être un événement imprévu, non programmé. Si l'engendrement peut résulter d'un choix, il n'en conserve pas moins, lorsqu'il survient tardivement, une part d'indétermination. Une conception imprévue peut ainsi apparaître comme étant le fruit du hasard, un échec contraceptif ou encore un acte manqué exprimant un désir refoulé. Les couples et les individus doivent alors lever cette indétermination et donner sens à l'événement pour décider (ou non) d'engendrer. Le « devenir parent » ne se réduit donc pas à un projet mais se construit progressivement et parfois a posteriori, alors que la conception a déjà eu lieu et que l'événement s'impose en plus des autres contingences personnelles, professionnelles, conjugales ou familiales. Les parents tardifs décrivent dans leurs récits la difficulté qu'ils ont parfois à s'engager dans leur parentalité du fait de leurs nombreux autres engagements et de la difficulté de les concilier. Cette articulation est le cadre d'une épreuve propre aux configurations modernistes de l'engendrement par projet. Elle met en jeu la définition de la relation conjugale, l'âge des individus mais aussi les représentations du vieillissement. Elle s'oppose de ce point de vue au caractère moral plus marqué de l'épreuve connue par les mères tardives jusqu'aux années 1960, en particulier en milieu paysan (et que subissent peut-être encore certaines familles nombreuses contemporaines). L'engendrement y était alors décidé par la nature (ou parfois un créateur) et s'imposait aux individus. Pour un grand nombre de ces mères, les naissances tardives venaient bouleverser l'organisation de la transmission : il fallait faire place au petit dernier. S'y ajoutait aussi le poids moral de n'avoir pu réussir à contrôler leur descendance et d'avoir transgressé les normes d'âge – dont parfois celle du non-chevauchement des générations. Enfin, qu'elles répondent alors à une logique de recommencement ou de répétition, ces naissances tardives impliquaient souvent pour ces femmes le report du moment où elles pourraient souffler et prendre un repos mérité.

Depuis, les années 1970 ont vu une transformation de la famille et, plus largement, de l'économie des échanges entre hommes et femmes. L'épreuve contemporaine met donc plus fortement en jeu le couple qu'auparavant. Elle se déploie désormais dans les discussions et les négociations entre conjoints autour de l'événement : qu'il s'agisse d'un désir exprimé supposant accord et programmation ou d'une conception inattendue supposant qu'on lui donne sens et qu'une décision soit prise, il s'agit d'arriver à un jugement sur la situation, de clôturer les interprétations, pour justifier la décision comme étant celle qui convient aux circonstances[2]. Mais si l'épreuve est conjugale, elle est aussi individuelle : le couple et la famille se définissent aujourd'hui comme un équilibre négocié entre la logique conjugale (*nous*) et l'autonomie individuelle (*je*). Dans ce cadre, la parentalité correspond à un choix et un engagement consenti par les individus (souvent les pères). L'objet de ces négociations est d'amener l'un et/ou l'autre membre du couple à consentir à l'événement et à s'engager dans un projet familial en articulation avec ses visées propres. Ces discussions aboutissent ainsi à une coordination conjugale et à l'entrée dans un projet commun d'engendrement, en définissant un bien (le couple comme valeur partagée) et un calendrier communs[3]. Mais il s'y opère aussi un travail biographique – de coordination avec soi-même – qui, convoquant son histoire passée, ses engagements et désirs, son évaluation de la situation, va amener chaque individu à décider de s'engager pour assurer la continuité de soi ou, au contraire, assumer une rupture par rapport à ces expériences négatives.

Les récits de ces négociations sont par définition exclusivement ceux de couples, d'hommes et de femmes pour lesquels l'épreuve se conclut par l'entrée dans une parentalité tardive. Mais ils dessinent aussi, en négatif, ce qui peut faire que des situations d'épreuve ne conduisent pas à cette issue. Ils offrent ainsi une clé de compréhension de ce qui, pour d'autres hommes et femmes, peut avoir été une expérience à la fois négative et révélatrice de la « vraie nature » de la relation conjugale.

La quarantaine : une urgence négociée

Apparaissant éminemment subjectif, puisque renvoyant au rapport de soi au temps, le vieillissement n'en est pas moins socialement façonné, notamment par les manières dont chaque société découpe l'existence et les groupes d'âge et leur donne droits et devoirs. Dans les sociétés contemporaines, il est aussi très largement lié à l'expérience que l'on en fait en miroir[4] des situations que connaissent les proches, ou au travers des célébrations plus ou moins imposées des anniversaires (« les 40 ans de… ») mais aussi face aux formes de rappel à l'ordre (« Tu t'y mets quand ? »). Ces événements, parfois fugaces, constituent autant d'expressions du poids persistant des normes d'âge. Mais l'effet de celles-ci n'est pas continu, et si l'on peut parler de seuils d'âge, c'est bien parce que leur poids se fait plus fortement ressentir à mesure du franchissement des différents caps (la trentaine, quarantaine…) ou des étapes de la vie[5]. Se rappelant aux individus, ces seuils fonctionnent aussi comme normalisation biographique, puisqu'ils les amènent à évaluer – on pourrait même dire calculer – si, à la trentaine, « ils ont encore le temps » ou au contraire si, à l'approche de la quarantaine, il n'est pas « temps de s'y mettre » (voir, par exemple, le récit de Claudine ou celui d'Aurélie).

Dans l'engendrement par projet, le temps que les hommes et les femmes se donnent pour avoir des enfants se détermine dans un cadre conjugal où, au fil des échanges, la question du bon moment dépend de l'âge, des priorités et des désirs de chacun. Passé le cap des 40 ans, lorsque « ça n'a pas marché » et qu'aucune conception n'a eu lieu, certains couples se font doucement à l'idée qu'ils n'auront pas d'enfant.

C'est par exemple le cas d'Ariane qui est née en 1957 d'une mère institutrice et d'un père électronicien. Après une scolarité sans problème, elle passe un bac littéraire et s'inscrit à l'université. Elle vit alors pleinement sa jeunesse, prend un appartement en colocation, fait la fête… Elle obtient un Deug mais n'ira jamais au bout de sa licence.

Son récit se caractérise par la permanence d'un rapport non calculé à l'avenir : elle dit avoir « moins poursuivi ses études qu'elle n'a été poursuivie par elles » ; « pas du genre petit écureuil qui engrange les noisettes », elle n'a pas non plus épargné pour l'avenir ; et n'a aucun projet immobilier. C'est cette même disposition qui l'amène à avoir une contraception irrégulière. Après la fac, elle s'installe à la campagne près d'un groupe de copains. C'est la période des petits boulots : les marchés où elle vend des produits d'élevage, l'accueil des enfants avant et après l'école, les centres de vacances. Mais à mesure que le temps passe, elle se dit qu'elle « vieillit » et qu'il faudrait « faire des choses plus sérieuses ». Elle envoie des candidatures spontanées, a des velléités de passer des concours, dont celui d'instituteur qu'elle réussit en 1983. Peu adaptée selon elle au « circuit pédago », elle devient éducatrice dans une Segpa (section d'enseignement général et professionnel adapté).

En 1979, elle rencontre son conjoint actuel, éducateur spécialisé, et ils se marient en 1985. Deux ans plus tard – elle a alors la trentaine –, elle décide avec une amie sensiblement du même âge d'arrêter la pilule. Son projet d'avoir des enfants s'inscrit dans une logique d'attente naturelle de l'événement : « Je n'ai jamais fait un calendrier pour compter, je n'ai jamais consulté qui que ce soit. » Son amie donne naissance à un enfant alors qu'elle-même n'est pas encore enceinte. Malgré plusieurs avortements dans ses années universitaires, Ariane ne doute pas de pouvoir avoir des enfants. Pourtant, malgré l'arrêt de la pilule, l'enfant n'arrive pas. Avec son conjoint, ils se font peu à peu à l'idée qu'ils n'auront pas d'enfant (« Ce n'était pas une souffrance »). Ils ne donnent pas vraiment de suite aux consultations médicales, envisagent parfois l'adoption mais n'entament aucune démarche, s'estimant « trop vieux » : « Le temps passe et on se dit de toute façon après que c'est plus raisonnable. Des gosses de vieux c'est moche. » Ils travaillent tous deux auprès d'enfants handicapés, et cela laisse finalement peu de place à un projet d'enfant : « Un employé de banque, quand il a plié ses dossiers, n'a sûrement pas en tête les mêmes trucs existentiels en sortant du boulot, alors que nous, ça nous bouffe la tête. »

Mais, plus que le travail, dans le récit d'Ariane, c'est surtout l'âge de son mari qui constitue une limite, alors qu'il n'a en fait qu'un an de plus qu'elle. En 1998, alors qu'ils ont tous deux dépassé la quarantaine, ils achètent une maison et commencent des travaux, sans prévoir de chambre pour un enfant. Un an plus tard, Ariane tombe enceinte, à près de 43 ans. Son âge n'est plus un obstacle : elle dit avoir eu tout au long de sa grossesse « une énergie formidable ». Elle veut continuer à vivre normalement (à tailler la haie par exemple, ce qui lui vaut de se faire « gronder » par le médecin) et attend sans angoisse particulière les résultats de l'amniocentèse (« pour moi il n'y avait aucune raison »). L'enfant naît dans une relative impréparation, la maison inachevée, et sans réorganisation particulière de leur activité professionnelle.

Ariane, on l'a vu, avait décidé de « s'y mettre » à la trentaine, en même temps qu'une amie. Dans son récit, son engagement auprès d'enfants (qu'elle partage avec son mari) mais aussi ses dispositions personnelles révèlent une certaine continuité, qui l'amène à attendre l'événement et à se faire une raison du fait qu'il n'arrive pas. La question de la quarantaine est bien présente dans son récit, mais Ariane n'organise pas le calendrier des événements en fonction de cela, parce qu'il est commun au couple.

À l'inverse, pour d'autres personnes, l'approche de la quarantaine constitue un horizon temporel plus fortement marqué. À son approche, surtout s'il s'agit des 40 ans de la femme, le calendrier des négociations tend à s'accélérer. En effet, biologiquement et socialement, les hommes disposent de plus de temps que les femmes pour avoir des enfants. Cette différence détermine des modes d'engagement différenciés dans les négociations. De manière générale, les hommes, moins pressés par l'urgence du calendrier de conception, tendent à faire preuve d'une plus grande prudence que les femmes. Celles-ci ont tendance à mettre en avant la dimension relationnelle dans la négociation (« si tu tiens à moi... »), qui devient alors une ressource pesant sur les atermoiements des hommes. Dans certaines de ces situations, telle celle d'Irène, les négociations peuvent même déboucher sur un véritable *ultimatum*.

Irène est née dans les années 1950 dans un cadre familial éclaté. Ses parents se séparent rapidement après sa naissance et n'exercent pas leur droit de garde. D'abord placée en nourrice, elle part ensuite à la Martinique où elle est élevée par ses grands-parents. Ce n'est qu'à l'âge de 13 ans qu'elle revient en métropole et retrouve son père. L'installation sera difficile : celui-ci est peu présent et les relations sont difficiles avec sa belle-mère. Elle quitte le foyer après le bac et travaille pour se payer ses études de psychologie. Commence alors pour elle une période de relative indépendance, pendant laquelle elle se sent cependant sentimentalement « paumée ». Elle quitte D. dont elle était amoureuse sans être « payée en retour » lorsqu'il vient enfin vers elle. Puis, elle a une « relation bizarre » avec B. qui, comme elle, avait des « comptes à régler ». Elle est « troublée » par P. qui lui donne une vraie preuve d'amour – la première depuis l'enfance – et tombe enceinte de lui (elle dit ne prendre aucune contraception car n'avait pas de rapports très suivis). Contrairement à lui, elle veut « faire passer » l'enfant mais est déstabilisée par sa sœur, auprès de qui P. est allé « plaider sa cause », et décide – « pourquoi pas ? » dit-elle – de le garder et de se marier. À la naissance de son premier enfant, elle a 25 ans. Un second arrive « bêtement en retour de couche ». Si son récit met en avant une forte dimension psychologique, il révèle aussi, du moins dans un premier temps, le sentiment d'une vie guidée par les circonstances, sur laquelle elle a peu de prise : « Être aussi gourde dans sa propre vie, être paumée comme ça [à se donner] des claques et des claques. Mais c'est vrai que quand on fait psycho, ce n'est pas pour des prunes non plus. » Avec son mari, c'est « la vie d'artiste » : il est peintre sculpteur et n'assume aucune charge financière. Pas plus qu'il ne participe au travail quotidien, domestique et éducatif. Irène tient cinq ans mais finalement, n'en « pouvant plus » et voulant reprendre ses études de psycho (« c'était mon tour »), elle demande le divorce. À partir de ce moment, elle cumule les emplois précaires et difficiles (standardiste, emplois de nuit, etc.) pour finir sa formation.

Elle rencontre son deuxième mari dans les années 1980 et l'épouse un an plus tard. Elle a alors 32 ans et lui 36. Elle obtient son DESS peu de temps après, aurait bien voulu poursuivre en DEA, mais trouve trop dur de cumuler travail, famille et études. N'ayant pas « fait son analyse », elle ne peut exercer le métier de psychologue comme elle le souhaiterait. Son mari, qui est psychiatre, est engagé dans une analyse « à rallonge » depuis plusieurs années et, ne voulant pas qu'ils s'engagent tous deux dans une analyse, ne lui « donne pas le feu vert » pour entreprendre la sienne. Elle n'envisage pas de passer outre. Formations, stages, missions dans des entreprises privées ou parapubliques font le quotidien d'une période professionnellement « très chargée » et « passionnante ». Les deux enfants de son premier mariage grandissent. La quarantaine arrivant, elle ressent l'urgence d'avoir un autre enfant, contrairement à son mari, qui a pourtant quatre ans de plus qu'elle. « Il ne se sentait pas prêt » et même « retardait », dit-elle. Elle le presse à sa manière : elle se met en situation de rencontrer quelqu'un et rompt avec lui. Il s'agit en fait de « faire réfléchir pépère ». Au bout de quelques mois, le couple se reforme. Irène a obtenu la garantie de pouvoir à son tour s'engager dans une analyse. Elle la mène tambour battant et, deux ans plus tard, lorsqu'elle se sent prête, elle lui remet le même marché en main : « C'est ça ou on se sépare. » Face à son insistance, son mari cède.

Face au désir exprimé d'avoir un enfant, les réticences d'un conjoint à s'engager conduisent à questionner la nature de la relation, jusqu'à la mise en jeu du couple. Pour autant, faire du couple un enjeu ne signifie pas rompre ; c'est rendre la rupture possible pour clairement poser les enjeux et amener chacun à se positionner. Cette précipitation des enjeux laisse une grande place aux discours et aux interprétations de chacun, surtout dans les couples comme celui d'Irène, très imprégnés par la psychologie.

Son récit en style direct montre la manière dont chacun se donne à voir ses priorités du moment, marque les concessions qu'il fait et leurs limites : « Le temps passait et je voulais quand même avoir un enfant. Et Jean-Louis ne se sentait pas père. Jean-Louis retardait. [...] On discutait et il disait : "Oui, on attend, je ne suis pas prêt, je ne suis pas père, tant que je n'ai pas fini mon analyse." Comme c'était un truc qui durait, c'était *ad vitam aeternam*, ça commençait à me turlupiner. Moi, je voulais aussi faire mon analyse. Parce que c'était mon projet. J'avais quand même toujours un petit peu d'espoir de recevoir en tant que psychologue clinicienne. D'être thérapeute. Mais ça ne prenait pas forme. Pépère, Jean-Louis, traînait la patte. Et, à un moment, il y a eu un *clash* entre nous. [...] Désir d'enfant, *niet*. Moi en tant que thérapeute, *niet*... Ça commençait quand même à me chauffer. Et il y a eu une rupture entre Jean-Louis et moi. J'ai rencontré quelqu'un. On s'est séparés trois mois. Il a fallu que je fasse cette rupture pour faire réagir aussi Jean-Louis. [...] Et au bout de trois mois, on s'est retrouvés, on s'est revus et il a décidé de revenir. On s'est remis ensemble. À ce moment-là, pépère s'est réveillé et il m'a dit : "Bon, voilà, mon thérapeute (que je connaissais très bien) m'a donné il y a six mois une adresse pour toi. Je n'ai pas voulu te la donner pour que tu commences ton travail." Il m'a donné le papier le mardi soir. Le mercredi, à 16 heures, j'étais chez la thérapeute. J'ai eu la thérapie tout de suite tellement je n'étais pas bien. Je crois que même – avec Jean-Louis, on en a discuté – j'ai plongé dans le transfert immédiatement. Je n'ai pas perdu de temps. Et, tambour battant, j'ai mené et j'ai fait mon analyse ! Ça a duré deux ans et demi. J'avais vraiment besoin de faire une analyse, je voulais avoir cet enfant aussi. Et j'ai dit à mon pépère : "Maintenant, tu te magnes, je veux un enfant." Parce que si tu veux, j'arrivais à 38 ans, je sentais que sinon après, c'était fini. Donc il a commencé à se dire "oui, peut-être"... Je lui ai mis le marché en main, j'ai dit : "C'est ça ou on se sépare." Il a commencé à comprendre qu'il ne fallait pas trop non plus me pousser. Donc, *grosso modo*, il a quand même accepté d'avoir un enfant. J'avais 38 ans. J'ai vu un gynéco et tout. On faisait tout ce qu'il fallait, mais ça ne venait pas, donc je me suis mis sous Clomid. Et, au bout de trois mois, j'ai fait une grossesse extra-utérine. On a dû m'opérer en urgence et m'enlever une trompe. L'autre trompe n'était pas bonne. On s'est dit "que faire, que faire, que faire ?" Parce que le temps passait. 38 ans, 38 ans et demi, 39 ans. Que faire ? Je pleurais, je pleurais, je pleurais. » Ils envisagent alors un processus de PMA et ils auront une fille à la seconde fécondation *in vitro*.

Selon les couples, les situations sont fortement contrastées. Chez Ariane comme chez Irène, la question de l'âge est bien présente mais renvoie à des logiques très différentes.

La quarantaine ne conduit pas Ariane à précipiter les choses. Il y a chez elle une attente naturelle de l'événement, qui prend place dans une trajectoire professionnelle et conjugale. Ariane et son mari sont, l'un et l'autre, travailleurs sociaux auprès d'enfants handicapés, avec ce que cela implique de charge émotionnelle mais aussi de besoin de décompresser. Ne plus penser au travail, ne pas trop penser au lendemain, laisser venir les choses revient pour eux à ne pas trop se préoccuper de la question des enfants. Le couple semble avoir trouvé là son point d'équilibre, au moins dans le récit que nous en fait Ariane.

À l'inverse, chez Irène, la quarantaine est un horizon bien marqué en regard d'un calendrier personnel et surtout professionnel pressant. Elle souhaite faire son analyse avant d'avoir des enfants mais cette planification n'est pas compatible avec celle de son mari, qui, quant à lui, prend tout son temps. Si, comme chez Ariane, le couple est inscrit dans le même univers professionnel, il y a toutefois un différentiel de carrière qui entraîne une forme de concurrence entre conjoints que l'on ne retrouve pas dans le couple précédent. Pour le mari d'Irène, psychiatre, l'analyse n'a pas d'enjeu formel pour sa carrière mais renvoie plutôt à une forme d'accomplissement professionnel. Pour Irène en revanche, les choses sont différentes : l'analyse est une condition pour qu'elle puisse s'installer et devenir thérapeute. Elle ronge son frein, souhaitant concrétiser ses projets professionnels, et ce d'autant que la borne de la quarantaine se profile[6]. De manière plus ou moins directe, c'est son mari qui la barre dans ses projets. Sa situation fait apparaître une réelle asymétrie professionnelle en faveur de son conjoint (ce qui n'est pas le cas pour Ariane) ; une asymétrie qu'il ne faut pas réduire à la problématique d'une domination masculine puisque ici Irène arrive par un ultimatum – en mettant en jeu le couple – à faire valoir son point de vue et à faire changer d'avis son mari.

On retrouve cette même logique d'inversion relative dans la situation de Pablo. Celui-ci est un exilé politique espagnol, arrivé en France dans le milieu des années 1950. Il travaille dans l'industrie chimique mais se sent artiste dans l'âme. Aussi, quand il obtient définitivement ses « papiers privilégiés » dans les années 1960, il quitte son travail pénible et dangereux pour un emploi plus précaire de balayeur… à l'école des Beaux-Arts. Il fréquente celle-ci depuis quelque temps déjà pour apprendre et côtoyer la seule chose qu'il vénère : la peinture. Son récit est d'ailleurs conforme au modèle de la vie d'artiste. Volontiers séducteur, anarchiste, « grande gueule », Pablo raconte ses conquêtes, ses frasques, son histoire d'amour avec une prostituée, autant d'ingrédients qui font qu'il incarne parfaitement la logique d'ajournement. Il refuse en effet de faire famille, de « se fixer », voulant vivre une vie d'« artiste » et se consacrer à sa peinture – il ne gagnera jamais sa vie en peignant, conservant son poste de balayeur jusqu'à sa retraite.

Lorsque, à 43 ans, il rencontre Paulette, 32 ans, vendeuse dans un grand magasin, il accepte de s'installer en couple. Le fait qu'elle soit stérile, selon le diagnostic d'un gynécologue, le rassure. Ils vivent ainsi pendant dix ans avec cette conviction qu'ils n'auront pas d'enfant. Pablo est tout à sa création, jusqu'au jour où Paulette tombe enceinte. Face à cette annonce, il ne sait comment réagir. Paulette, pour une fois, prend les choses en main : elle commence à envisager ce qui semblait impossible, biologiquement, mais aussi dans leur vie conjugale. Pablo a toujours dit qu'il (mais surtout elle) devait « se sacrifier à son art ». Cette période de grand doute prend fin avec la fausse couche de Paulette. Rapidement, une deuxième conception inattendue, suivie d'une deuxième fausse couche, vient sceller la conversion de Pablo à l'idée d'avoir un enfant. Il l'explique au départ comme une concession faite à sa femme, qu'il a vue si heureuse enceinte. Mais c'est aussi, avoue-t-il, parce qu'il vient de vivre un moment de vérité pour son couple, se rendant compte que celui-ci est en danger s'il se refuse à envisager d'avoir des enfants. Pour Pablo, les choses sont dès lors clairement posées : « Ou je la quitte, ou j'ai un enfant. » Une petite fille naît alors qu'il atteint 54 ans et sa femme 43.

Les univers professionnels d'Ariane et d'Irène sont proches de ceux de leur mari (même si dans le cas d'Irène, cela donne lieu à une sorte de concurrence au sein du couple), contrairement à ceux du couple de Pablo, qui sont très éloignés. Pablo se définit en effet comme artiste (ce que n'est pas sa femme), il est donc selon lui du côté du sacré, d'un projet d'œuvre en totale contradiction avec tout projet familial. Pour autant, ce point de vue masculin ne vaut que dans la mesure où il paraît acquis que sa femme ne peut pas avoir d'enfant. Et il suffit alors qu'il soit remis en question (dans le cas de Pablo en apprenant que sa femme, finalement, n'est pas stérile) pour que les femmes, plus pressées par le temps, saisissent cette dernière chance. Les initiatives qu'elles prennent alors poussent les hommes dans leurs retranchements, entraînant une sorte d'inversion du rapport de domination symbolique : et, de fait, les hommes ne savent plus que dire, ni comment faire face à cette (ré)ouverture des possibles.

De la discussion apaisée (Ariane) à l'ultimatum (Irène), les négociations empruntent une pluralité de registres. Et dans certains cas, elles ne renvoient pas à un cadre de discussions formelles mais évoquent bien plus un rapport de force. Ces négociations ne sont pas figées et évoluent au fil du temps, d'autant plus que dans la conception contemporaine, le couple n'est pas une institution figée. Généralement, les négociations conjugales s'ouvrent en demi-teinte et dans le jeu d'une interaction plus ou moins ritualisée. Le lit conjugal, la voiture, très souvent le restaurant : autant de lieux et de circonstances parmi d'autres où l'un des partenaires peut introduire de manière plus ou moins directe la question des enfants. Afin de gagner du temps, l'autre conjoint peut s'efforcer de rester sur le terrain de ces discussions larvées dont les enjeux restent implicites. À mesure qu'approche la quarantaine, cette « tactique » est de moins en moins possible, les débats s'accélèrent et les enjeux se précipitent.

Parfois, comme chez Irène, c'est la programmation qui est discutée. La forme des négociations mais aussi leur durée sont alors liées à la difficulté de synchroniser les calendriers masculin et féminin. La manière dont la question est mise à l'ordre du jour a alors, bien évidemment, son importance. Mais, dans un certain nombre de cas, ces négociations n'ont pas de dimension projective et s'ouvrent après une conception inattendue. Cette situation n'est pas rare, même dans le contexte contemporain de forte contraception. Certaines femmes qui pensaient ne plus pouvoir procréer, du fait d'une supposée stérilité du couple ou parce qu'elles estimaient être ménopausées (parfois même diagnostiquées et suivies médicalement), se retrouvent enceintes. De manière plus générale, la baisse de la vigilance contraceptive au cap des 40 ans semble à l'origine d'un grand nombre de grossesses tardives. Elle a pour conséquence de donner un cadre spécifique aux négociations.

Sylvie est devenue mère sur le tard pour son troisième enfant. Nous avons décrit comment, après avoir profité de sa jeunesse à beaucoup voyager, elle s'est installée dans une relation plus stable, avec un homme socialement proche de son milieu d'origine et en tous points différent de ceux qu'elle avait connus auparavant. Elle se retrouve très vite enceinte, ayant arrêté la pilule, sans rien programmer, avec l'envie de « laisser faire les choses ». Un premier enfant naît ; elle a alors 36 ans et lui 34. Ils se marient un an plus tard. Entre-temps, ils achètent grâce à un héritage une maison en banlieue parisienne. Un second enfant naît, deux ans après le premier. Sylvie cesse de travailler pour devenir femme au foyer tout en s'aménageant des plages de temps personnel. À 44 ans, de nouveau, elle tombe enceinte : se croyant ménopausée, elle ne prenait plus de contraception. Après avoir longtemps hésité, le couple décide de garder l'enfant et, une fois la décision prise, Sylvie est ravie et considère sa vie de famille « super ».

Une conception inattendue ne pose donc pas toujours problème, surtout s'il s'agit d'un enfant qui vient après d'autres. Inversement, bien sûr, une conception inattendue peut tout à fait être vécue comme une épreuve. La certitude de ne pas avoir d'enfants ou de ne plus agrandir la famille qui s'était peu à peu ancrée dans le couple se voit ébranlée. Elle fait place à une période de doute, en tout cas de fortes discussions et négociations entre conjoints, voire de crise. Car les discussions doivent s'inscrire dans le cadre temporel imposé par le délai légal de l'interruption volontaire de grossesse (IVG). Dans ces cas-là, la solidité du lien entre les conjoints et la cohérence du projet conjugal sont testées dans un temps relativement court. Cela explique d'ailleurs pourquoi c'est souvent l'arrivée d'un premier enfant, soulevant toutes ces questions dans un cadre temporel restreint, qui pose le plus de problèmes.

Par définition, nous n'avons rencontré que des personnes pour qui cette période de questionnement a abouti à la décision de garder l'enfant. Mais plusieurs d'entre elles avaient connu cette situation préalablement à la naissance tardive, décidant à l'époque de procéder à une IVG ou subissant une fausse couche – c'est, par exemple, le cas de Bruno ci-après. Dans chacun de ces cas, cette première (et mauvaise) expérience ouvre une période de négociation conjugale qui, si elle se renouvelle, semble dissuader les hommes réticents à la paternité de persévérer dans leur logique de refus. La relative fréquence des avortements illustre en partie leur positionnement dans ces négociations conjugales : le plus souvent, les hommes n'adhèrent à la perspective de (re)devenir père la quarantaine passée qu'à reculons et sous (forte) influence de leur conjointe.

Des hommes a priori réticents

Le récit de Bruno est typique de ce positionnement de résistance face au projet de paternité qui peut caractériser certains hommes (pas tous). Il ne faut pas y voir la marque d'un égoïsme typiquement masculin, car son récit, qui explique son rapport à la paternité par son histoire et ses expériences personnelles, est également marqué par l'influence d'un milieu, qui fait de Bruno, comme de chacun d'entre nous, le produit d'une époque.

Né dans les années 1940, Bruno est issu d'une lignée d'entrepreneurs (exclusivement des hommes : sa mère et ses grands-mères sont absentes de son récit). Son grand-père a ainsi fondé une entreprise de menuiserie que son père, autodidacte, reprit et fit prospérer dans les années 1950-1960. Bruno garde de ses origines familiales une morale qu'il énonce comme telle (et assume donc) et des prises de position plutôt « traditionnelles » (il se dit « réfractaire aux idées de 1968 », parle de sa « famille en danger »). Promis à l'entreprise familiale (« tu vas faire comme moi », lui disait son père), il dit avoir été peu intéressé par l'école, ce que son père, bien qu'autodidacte, lui reproche longtemps. Bruno est attiré par le dessin, auquel son père ne trouve aucune utilité. Il fait les Arts déco et entre aux Beaux-Arts. Mais en 1968, deux ans avant d'être diplômé, il arrête ses études en raison, dit-il, des « événements de 68 », mais aussi parce que entretemps il s'est marié « et se retrouve avec une famille à charge qu'il faut nourrir ». Ne voulant pas vivre aux crochets de ses parents, et dans le respect de la morale familiale, il va travailler dans des agences de décoration. Un enfant naît un an plus tard, suivi d'un second, trois ans après. Il crée lui-même sa propre entreprise tout en continuant à travailler pour les agences.

Avec la crise du pétrole, les choses vont moins bien. Il se met totalement à son compte (il était jusqu'alors salarié à temps partiel) et fait de gros chantiers. En 1978, la loi sur l'accessibilité des handicapés l'amène à développer l'activité des blocs-portes, reprenant ainsi le flambeau de son grand-père. Il abandonne la décoration. L'entreprise devient familiale : son père investit dans la SARL avec lui, sa femme qui s'intéresse à la photo y est salariée pour suivre les chantiers et y intervenir. L'entreprise constitue toute son existence et le centre de gravité de sa vie familiale. Elle vient rythmer son récit (changement de statut, déménagement, peu de vacances). À 48 ans, il part en province pour se rapprocher des fournisseurs et étendre la surface de l'entreprise. Mais ce départ répond aussi à des difficultés conjugales que l'éloignement doit permettre d'apaiser (« en séparant la famille, on pouvait la préserver »). Car depuis sept ans des tensions se sont fait jour, mais ils sont l'un et l'autre réticents par rapport au divorce.

« On ne l'a pas fait. Les enfants n'étaient pas assez grands. Moi, je n'y tenais pas. Le divorce, je trouve que c'est plutôt un échec, et je n'aime pas les échecs. Comme [ma femme] ne savait pas ce qu'elle voulait, j'ai préféré prendre de la distance. [...] L'idée du divorce, on était réticents tous les deux. [...] Pour préserver les enfants. » L'éloignement actualise ici une séparation de fait mais sans décohabitation. Deux ans plus tard, Bruno rencontre une femme de 32 ans. Il achète une maison et ils s'y installent ensemble. Il ne pense « pas du tout » à avoir des enfants. Sa compagne tombe enceinte mais ils recourent à une IVG. En 2002, elle « se retrouve » de nouveau enceinte. Selon Bruno, le projet n'a pas été discuté. Il se dit « contre », parce que c'est trop compliqué vu la différence d'âge et le fait qu'il était déjà grand-père. À 41 ans, sa compagne pensait que c'était trop tard : « Elle pensait qu'elle ne pouvait plus en avoir [...]. Elle ne prenait pas de contraceptif ! Il n'y avait pas de risques. C'était son discours ! Et puis en fait, elle en désirait un. Elle l'a laissé venir au bon moment, je crois, en fait. Donc elle avait choisi. » Bruno, lui, est bien placé devant le fait accompli (« elle m'en a parlé après coup ! ») et doit alors l'accepter. Parce qu'il est heureux de la voir heureuse, mais pas seulement : « Maintenant, je suis très attaché à cet enfant, mais à cette époque-là c'était abstrait. J'avais connu ça, j'avais déjà donné en fait. Pour moi, c'était de l'histoire ancienne un peu. Je n'avais pas spécialement envie de remettre ça. D'un autre côté, ça ne me faisait pas peur, du fait de l'expérience. L'éducation des enfants, ça ne me fait pas vraiment peur. C'est plutôt la réaction de l'entourage. Mais c'était quand même très secondaire. »

Ils attendaient, au moment de l'enquête, un deuxième enfant, précipitant d'autant plus la remise en ordre des affaires familiales : procédure de divorce de Bruno d'avec la mère de ses premiers enfants, assurance-vie, transmission du patrimoine à organiser (« sans léser aucun de ses enfants »). Ces enfants sur le tard arrivent à un moment où la vie professionnelle de Bruno est « plus tranquille [...], l'entreprise marche presque toute seule ». Il les considère comme « un cadeau », qui lui impose de ne pas se laisser trop aller et lui interdit de se reposer. Le souci de ne pas (trop) vieillir lui vient de ses dispositions d'entrepreneur à l'effort en même temps qu'elles justifient le fait qu'il reste en activité.

Irène qui « pousse pépère », Bruno placé devant le fait accompli... Autant de manières d'influencer un conjoint ou de peser sur la décision. Face à cette pression, plusieurs options : rentrer dans la négociation quitte, au départ, à n'y voir qu'un moyen de gagner du temps ; se disputer pour faire taire son conjoint, au risque de précipiter la rupture ; ou encore contourner la question. Mais, comme une négociation se mène à deux, les événements peuvent tourner à l'épreuve conjugale, avec pour conséquence l'éloignement des époux (Irène) ou l'instauration d'une distance au quotidien.

Du côté de certains hommes, la méthode pour résister à la pression de leur conjointe est plus radicale : la fuite. Ils échappent ainsi à un événement qu'ils refusent.

C'est à ce genre de situations qu'a dû faire face Olga lorsqu'elle est tombée enceinte à 40 ans. Ce moment clôt une jeunesse faite de voyages, de plongée, de yoga, et de nombreuses relations amoureuses (mais jamais « fixes »). Elle suit à l'approche de la quarantaine un traitement médical contre la préménopause, qu'elle pense (à tort) contraceptif. Quand elle tombe enceinte, le père, un moniteur de plongée, ne veut pas entendre parler de cette grossesse non prévue. Elle décide malgré tout de garder l'enfant, quitte à l'élever seule. Elle tente alors de reprendre contact avec le père : « Je lui ai fait un petit mot. J'ai eu une réponse assez désagréable. Il s'étonnait beaucoup que je lui écrive. Je crois plutôt que c'était un prétexte pour ne pas entrer de nouveau en contact avec moi. Il me disait "je t'ai donné à choisir il y a quinze mois, tu as fait ton choix, voilà, il ne faut pas revenir là-dessus !" C'était très désagréable parce que, en fin de compte, non, il ne m'a pas laissée choisir. Moi, j'ai choisi. Ce n'était pas du tout lui qui m'avait fait choisir. Non, c'était ça ou rien en fin de compte. » À partir de ce moment, sa vie change, et elle n'a plus le temps de faire autre chose que travailler et s'occuper de sa fille.

L'histoire de Yann, père tardif, est encore plus atypique. Mis devant le fait accompli, il ne fuit pas mais disjoint sa paternité de tout engagement conjugal. Sans jamais avoir réellement formé un couple avec la mère de son enfant, il fait famille en adoptant le modèle relationnel des familles de divorcés. Cette configuration est assez peu courante. Elle s'avère aussi complexe, à l'image d'un récit difficile à suivre.

La vie affective de Yann est intense, ponctuée de nombreuses aventures et de beaucoup d'infidélités mais aussi de liens forts qui se sont prolongés au-delà des jalousies et des rencontres. Sa vie professionnelle de journaliste et producteur-réalisateur est elle-même assez difficile à suivre. Yann a d'abord fait tous les métiers, puis a beaucoup voyagé pour, petit à petit, se faire une place dans le journalisme audiovisuel, les documentaires animaliers et les films d'investigation politiques et sociaux. Il dit avoir gagné beaucoup d'argent, ce qui est encore le cas aujourd'hui, dans une moindre mesure. Son récit est à la limite de l'épique et les images qu'il dépeint apparaissent presque forcées tant se succèdent les conquêtes (« l'égérie d'un certain milieu intellectuel et cinématographique, une fille de milliardaire, une femme de vétérinaire... »), les entreprises militantes (chez les maos, puis les situationnistes, avant de se rapprocher du Parti socialiste à la fin des années 1970 et de s'en éloigner peu après) et les figures politiques. Au fond, le caractère précipité de ce récit où se bousculent et s'enchaînent les personnes, périodes et événements, illustre combien sa vie a longtemps été, ainsi qu'il le dit, « un maelström », avant qu'elle ne se stabilise.

Dans un tel contexte relationnel et professionnel, la paternité a difficilement sa place. Surtout qu'elle n'est pas programmée : Yann se retrouve père à 53 ans d'une petite fille qu'il a eue avec une femme qui avait décidé de lui faire un enfant, « à son insu ». Face à cet événement imprévu, n'osant pas proposer l'avortement, il s'emploie dès lors à en contrôler les conséquences. Il essaye ainsi de garder clandestine sa paternité, d'abord pour préserver sa femme, dont il est séparé mais avec qui il garde un lien très étroit – celle-ci, dépressive, a fait des tentatives de suicide –, mais aussi sa compagne de l'époque, avec qui il vit et avec laquelle il n'a pas encore eu d'enfant. La solution trouvée par Yann est d'être père sans être conjoint, car il ne se voit pas s'installer avec la mère de sa fille, qu'il ne juge pas à son goût.

Pour préserver le cadre relationnel, Yann reconnaît sa fille et s'en occupe, mais fait très attention à ce que son existence soit connue de très peu de personnes. Cette situation ne dure pas longtemps : au bout de deux ans, la mère de sa fille découvre le pot aux roses et s'emploie à tout divulguer : « Apprenant quelle était ma vie, elle a téléphoné partout. À ma femme qui ne savait pas, à mes sœurs, à mes clients. » Petit à petit, il a su faire en sorte que sa fille tisse des liens forts avec sa compagne, mais aussi avec son épouse. La dissociation qu'il fait de la paternité (qu'il assume) et de la conjugalité (qu'il décline) lui a permis de cloisonner les choses en séparant les rôles (mari, compagnon, père) préservant ainsi le *statu quo* antérieur. La manière dont Yann a résolu le « problème » doit évidemment beaucoup à sa situation : c'est un homme mais aussi un artiste au fort capital culturel, social et symbolique. Nul doute que, face à une femme qui est d'origine sociale plus modeste, il puisse faire valoir son point de vue sur la question. Ce n'est pas ici une surinterprétation : c'est ce qui transparaît de son récit, « en toute honnêteté », dit-il.

Les ressources des partenaires sont un déterminant fort des négociations, de la fuite ou des rapports de force plus directs. Il est important de souligner que, de manière générale, les hommes et les femmes ne sont pas à armes égales dans ces négociations. Les hommes ont toujours la possibilité de fuir. Le temps joue aussi en leur faveur. En face, ce sont les femmes les plus diplômées et les plus indépendantes des hommes qui sont en capacité de vaincre les éventuelles réticences et les refus de leur conjoint. Elles peuvent également plus facilement lui résister lorsque la structure des relations est inversée : le père souhaite ardemment un enfant dont elles ne veulent pas. Le diplôme et l'activité professionnelle, bien sûr, sont des moyens essentiels de cette autonomie. Mais il s'y ajoute aussi une certaine force de caractère, née de leur histoire personnelle et favorisée par le contexte de l'époque. De nombreux récits féminins (comme ceux des hommes d'ailleurs) témoignent de cette forte articulation entre les histoires familiale, militante, professionnelle et conjugale. Avoir fait des études de psychologie ou être fille de paysan, avoir été militante dans des groupes féministes ou secrétaire attachée à son patron, être l'aînée d'une famille nombreuse ou fille unique de la famille : autant de variations que, dans leurs récits, ces femmes (et ces hommes) mettent en avant pour décrire le contexte des négociations qui déterminent les trajectoires d'entrée dans la parentalité tardive.

Si les situations les plus fréquemment observées sont celles où une femme approchant de la quarantaine désire avoir des enfants (ou se retrouve inopinément confrontée à la question) alors que l'homme y est réticent, dans d'autres configurations, la situation est inversée.

C'est, par exemple, le cas de Myriam qui est plus âgée que son conjoint et qui, à l'approche de la quarantaine, se voit soumise à de fortes pressions pour avoir de nouveau des enfants. Face aux demandes insistantes de son conjoint, elle se sent passablement démunie. Myriam est née dans les années 1960 dans une famille nombreuse (de six enfants) de milieu populaire (son père était mécanicien). Après son CAP, elle travaille puis part, à 19 ans, en

Afrique rejoindre un ami militaire qu'elle connaissait depuis trois ans et avec lequel elle vit quelques années. Elle rentre en France à 23 ans, estimant que cet homme avait trop changé, et retrouve alors la vie active. Elle multiplie les petits boulots par intérim (secrétariat, serveuse) avant d'obtenir « par relation » un poste de secrétaire dans une chambre des métiers. Cet emploi, auquel elle semble attachée, devient une charge : les trois heures quotidiennes de transport viennent s'ajouter aux longues journées de travail et, avec la fatigue, elle a peu de loisirs, passant ses week-ends à se reposer.

À 32 ans, Myriam fait la connaissance d'un homme marié (ou plus exactement marié une première fois puis divorcé et vivant à l'époque en concubinage, « mais c'était pareil » pour Myriam), avec qui elle finit par s'installer. Elle veut rompre leur liaison, car elle a mauvaise conscience, mais ils s'installent finalement ensemble quelques mois plus tard. Son ami a eu un enfant de chacune de ces précédentes unions. Ensemble, ils ont une fille : Myriam a alors 34 ans et son ami 35. Celui-ci s'investit beaucoup dans l'éducation de chacun de ses enfants et il lui arrive de les accueillir tous en même temps à la maison. Myriam démissionne de son emploi et alterne intérim et travail familial, même si elle ne semble pas trouver son compte dans cette vie trop consacrée au foyer.

À l'approche de ses 39 ans, son conjoint la « relance » pour qu'ils aient un deuxième enfant. C'est l'âge « idéal », dit-il. Elle n'est pas « tentée ». Sa fille est grande. Elle doit aussi s'occuper de ses beaux-enfants. Myriam n'en veut pas mais semble avoir peu d'arguments quand les négociations conjugales s'amorcent. Pensant au fond d'elle qu'elle ne retomberait pas enceinte « après dix ans de contraception », elle cède et lui donne, à contrecœur, deux mois. Elle espère qu'il se fera à l'idée qu'elle ne peut plus avoir d'enfant. Mais son calcul se révèle faux : au bout d'un mois, elle tombe enceinte. Elle le prend alors très mal : « J'étais seule quand j'ai appris que j'étais enceinte. Je l'ai très mal pris. Je me suis mise à pleurer. J'ai pleuré très fort. [...] J'ai eu cette peur qui a fait que... j'en ai encore les larmes aux yeux maintenant. »

Alors que son conjoint est ravi, elle est bouleversée et envisage d'avorter dans son dos, sans parvenir à s'y résoudre. Myriam est alors traversée par une véritable crise morale où elle se remet en question : « Je suis croyante mais je ne pratique pas. Je me suis dit, le Bon Dieu t'a apporté cet enfant, c'est peut-être écrit, c'est peut-être une vie que tu dois donner, c'est peut-être la chance que d'autres n'ont pas. » Elle a également du mal à envisager d'aller à l'encontre de son conjoint : tous les prétextes sont bons pour le convaincre de lui donner l'autorisation d'avorter. « Je lui avais dit : "s'il y a quoi que ce soit au niveau de l'échographie, au niveau de l'amniocentèse...", parce que j'en ai fait faire une, bien entendu, "même si on me dit, il a un petit doigt en moins...", j'exagérais, mais pour moi, ça aurait été vraiment la raison qui aurait fait que... C'était l'idéal pour pouvoir le faire passer. »

Leurs discussions tournent à une épreuve de force mais ses arguments ont peu de poids face à la dramatisation ou dédramatisation des enjeux par son conjoint. Myriam n'ose jamais parler en son nom, sinon sur le mode négatif de l'excuse : elle se dit fatiguée mais ne met pas en avant son désir de ne pas avoir d'autres enfants. Elle n'arrive pas non plus à parler au nom d'une cause plus générale et dit regretter aujourd'hui, « en tant que femme », son absence de fermeté de l'époque. Elle essaye de raisonner son conjoint : ils ont déjà plusieurs enfants, il y a l'appartement, la fatigue, l'âge... Rien n'y fait : son conjoint lui oppose son propre désir d'enfant (« je le désire »), met en scène sa volonté (« je le veux ») et sa vérité (« il est là »). Il fait aussi peser sur elle une menace indéfinie (« que je n'apprenne jamais... ») : « Un jour, notre conversation a explosé pour le petit, puisque moi je n'en voulais pas. Ça a été très fort et ça a même été très loin. Lui m'a dit, en quelque sorte méchamment – quand je dis méchamment, c'est verbalement – : "Il est là. Je te préviens, ne fais rien qui fasse que j'apprenne que tu as facilité justement... je le veux, je le désire." Ça a été une forme d'égoïsme, pour lui en fait. [...] Je me reproche et je me reprocherai toujours ce manque de fermeté [...] vis-à-vis de lui, en tant que femme. Au lieu de lui dire : "Non, je n'ai pas envie de remettre la main à la pâte... pour différentes raisons." Je lui ai dit : "Mais, attends. Le deuxième, notre vie va changer. Sur tous les niveaux. C'est-à-dire les sorties, les voyages, notre train de vie et le double de travail que ça va donner. Puisque moi, je travaillais, et j'ai toujours travaillé. À l'extérieur, je parle. Plus la maison, plus les enfants. Est-ce que j'aurai plus d'aide ? Je ne pense pas. Vu l'activité que tu as toi, de ton côté, et que tu n'es pas souvent à la maison, tout va se reporter sur moi. – Non, je t'aiderai..." C'est vrai qu'il m'aide, sur différentes choses, mais pas sur toutes. »

Les choses ne s'arrêtent pas là : la grossesse devient pour Myriam une véritable épreuve conjugale mais aussi familiale car elle trouve peu de soutien dans son entourage (sa mère, qui dit « ne pas comprendre », lui souhaite « bon courage »). C'est une épreuve morale également, à l'image de ces femmes des générations précédentes : « Par moments, j'avais honte du fait d'être enceinte. Je m'en cachais. » Elle vit d'ailleurs sa grossesse dans une logique du sacrifice de soi. « En fait, je me suis sacrifiée pour lui, pour cet enfant. Et après, pour mon mari. Mais moi, personnellement, je n'en voulais pas, pas du tout. Et le temps a fait qu'on prend des formes, mais ça a été toujours avec ce petit regret de ne pas vraiment l'avoir désiré comme j'avais désiré ma fille. »

Ce récit, il faut le dire assez poignant, reflète un rapport de domination organisé par le genre. Les arguments raisonnables de Myriam sur l'âge ou la fatigue ont peu de poids face à un conjoint qui s'emploie à les relativiser. Il ne lui reste donc qu'à espérer que « la nature fera bien les choses », soit en empêchant (du fait de l'âge) une conception, soit en faisant échouer une éventuelle grossesse par une fausse couche. Sa résistance n'a pas été au-delà de ces secrets espoirs : elle n'a pas su s'opposer à son mari et a dû céder à son envie d'essayer ; puis n'a pu se résoudre à avorter sans lui dire. Alors que le contexte est aujourd'hui à une meilleure maîtrise de la contraception, on retrouve chez cette femme croyante la figure ancienne d'une conception commandée à la fois par la nature (à laquelle elle s'est remise) et par un créateur imposant sa loi aux femmes. Cette logique de domination l'amène à s'effacer devant le désir de son mari, à se sacrifier même, avec cette impression qu'au final elle passe après tous (« les enfants avant, moi après »). De plus, comme dans les générations précédentes, il pèse sur elle le fardeau d'un travail à recommencer. L'éducation du dernier est d'ailleurs elle aussi sujette à discussion et source de tension dans le couple. Son mari lui reproche de mal s'y prendre, de manquer d'autorité : « Monsieur, c'est "je rentre de mes dix heures de boulot ; moi quand je gueule, tout le monde me craint ; je dis les choses une fois. Toi, en fait, tu t'es laissé manger complètement, donc il n'y a plus aucune vigilance sur quoi que ce soit." Je lui dis que je ne suis pas d'accord, mais bon. »

Il ne nous revient pas de décider de ce qui est vrai ou ne l'est pas, de faire œuvre de justice ou de dénonciation. Il faut souligner combien ce récit alimente une image assez négative de la maternité tardive (et des hommes), mais éclaire aussi le principe de la prise de parole de Myriam qui, accédant à l'universel, tire leçon de son histoire pour formuler un conseil : « Si j'avais un conseil à donner à beaucoup de femmes de 40 ans, en refaire un second, non. Franchement, non, ne faites pas cette erreur. Maintenant, attendez : si c'est une femme à 40 ans qui a un premier, oui. Nous sommes bien d'accord. Mais un second, non. »

Ces situations bien réelles où les négociations basculent dans un rapport de force ne sont pas les plus fréquentes que nous ayons rencontrées. Dans la majorité des récits, les choses sont moins tranchées. C'est d'autant plus le cas lorsque les femmes sont diplômées et, plus encore, ont un emploi leur offrant quelques perspectives : leurs ressources leur permettent alors de contrebalancer les choses (l'ultimatum posé par Irène en est un bon exemple).

Le cadre idéal de ces négociations n'est bien sûr pas celui du rapport de force. La norme procréative veut qu'un enfant ait un père. Il est dès lors difficile d'imposer cela à un homme réticent. Il existe certes des mécanismes juridiques de reconnaissance ou d'obligation alimentaire, mais ils ne suffisent pas à donner aux enfants un « vrai père », lequel suppose idéalement un engagement consenti dans la paternité. C'est justement l'objet des négociations que d'amener à un changement de perspective sur la question. Beaucoup d'hommes, d'ailleurs, changent d'avis, même si, à bien des égards, on pourrait aussi dire qu'ils font de nécessité vertu.

C'est le cas de Pablo qui, sous pression conjugale, découvre le bonheur de sa femme d'être enceinte. C'est aussi le cas de Boris qui décrit les doutes et la crise de son couple lorsque Alexandra tombe enceinte : « Je n'étais pas chaud du tout. Alexandra s'était faite à l'idée, avec quand même un petit espoir. Et puis, un jour, elle m'a annoncé qu'elle était enceinte. La faute à la pilule, mais réellement, elle est médecin donc elle sait. Donc faute à la pilule, faute à la pilule du lendemain, qui n'a pas marché non plus, mais ce n'est pas un coup monté hein, c'est honnête, c'est clair. Et donc elle me dit "je suis enceinte, qu'est-ce qu'on fait ?..." Là, c'est plus difficile. Je n'étais pas pour, j'étais plutôt contre. On le garde ou on ne le garde pas ? Ça fait travailler. On en a parlé, mais pas trop en fait, parce que ça se passait mal. Je crois qu'on s'est fait un peu la tête pendant une semaine, on ne se parlait plus beaucoup. Elle voulait bien le garder et moi, je voulais bien qu'elle ne le garde pas, ça ne me gênait pas trop et puis... C'est vrai qu'en y réfléchissant, au lieu d'en avoir un seul, deux... Ce sera mieux pour eux déjà, elle aura un frère ou une sœur. Il y a aussi le fait que nous, on se fait vieux, si on disparaît, elle ne serait plus toute seule. Bon, il y a tout ça qui rentre en ligne de compte et puis… Je crois me souvenir qu'elle voulait partir. Et puis je lui ai dit "bon, OK on le garde". Ça n'a pas été facile, on en a reparlé et on l'a gardé. Et il est arrivé. Il n'était pas voulu, il n'était pas désiré, il a été même prêt à passer dans la cuvette, et puis il a été sauvé. »

Le rapport de force entre Boris, fils de paysan devenu ouvrier à la SNCF, et Alexandra, médecin, n'est a priori pas en sa faveur. Mais cela n'explique pas tout : la conversion de Boris s'inscrit aussi dans un contexte qui donne force aux arguments et l'amène à se faire une raison. Plusieurs histoires affectives, un contexte professionnel qui semble s'ouvrir, l'âge aussi et, bien évidemment, l'alchimie d'une rencontre avec quelqu'un avec qui « il se sent bien »… tout cela lui permet d'envisager ce que jusqu'alors il ne pouvait pas. Toutefois, ce n'est pas du jour au lendemain que les choses se font, et c'est tout l'enjeu de ces négociations conjugales que d'amener à ce déplacement des positions, à cette conversion qui permet de consentir à la parentalité.

Il faut donc prendre au sérieux ce qui s'opère dans ces négociations et en particulier le travail fin d'interprétation[7] du côté des hommes, lesquels vont convoquer la nécessité conjugale, le « choix », le « désir inconscient » pour comprendre et expliquer ce qui arrive.

Quand Alexandra tombe enceinte, parce que sa pilule n'a pas fonctionné, il est impensable pour Boris de penser que le double échec de la pilule puisse être un coup monté, sauf à mettre en jeu l'existence du couple. C'est donc une erreur qui n'est pas la faute de sa compagne et pose la question de garder ou non l'enfant en terme de choix réel et d'engagement. Dans ce travail d'acceptation, le langage occupe une place importante mais il ne fait pas tout : il s'accompagne d'une forte pression (Boris et Alexandra vont se séparer quelque temps). Cette pression donne son poids au langage et impose aux individus de se positionner par rapport à l'événement. Face à un conjoint qui met en jeu le couple, il n'est plus possible de ne pas choisir. Le fait de devoir ainsi établir des priorités fait que certains hommes qui jusqu'alors ne pensaient pas leur couple stable changent de point de vue lorsque la question des enfants est posée sans échappatoire possible.

Ce qui est frappant dans le discours de beaucoup d'hommes, c'est, malgré tout, cette sorte d'extériorité de l'événement. Dans l'histoire de Boris, il s'agit de la pilule qui n'est pas efficace. Dans d'autres récits, la nature et le biologique deviennent des explications de la parentalité tardive. Cette figure était présente chez les mères tardives des précédentes générations, avant la généralisation de la contraception : le *fatum*, l'image du destin féminin (à l'exemple de Myriam). On la retrouve également chez certains hommes des générations d'après 1970, sous la forme d'une force que l'on ne peut contrôler ou maîtriser. La nature, la maternité, le désir sont autant d'entités qui s'imposent à la volonté des individus.

Le récit de Robert est une parfaite illustration de cette logique d'imposition. Après un premier mariage et un divorce difficile qui met une grande distance entre lui et ses enfants, Robert rencontre Carole à 45 ans, elle a 20 ans de moins que lui. Ils se marient trois ans plus tard, car Carole le souhaite profondément. Robert ne le regrette pas, il tient surtout à ne pas avoir d'autre enfant. Au début, la question n'est pas à l'ordre du jour, le couple en parle très peu, sûrement à cause de l'expérience malheureuse de Robert. Mais quand Carole dépasse le cap de la trentaine, elle survient peu à peu, sans être encore tout à fait explicite. Robert achète un chien (« Ça lui calmera les instincts maternels, qui sont naturels chez une femme ! »), ce qui évidemment ne résout rien. « J'ai eu le chien *et* le gosse ! Le gosse, finalement, il est venu après. Je n'en voulais pas ! Elle ne me l'a pas fait dans le dos ! J'étais d'accord mais ce que je veux dire, c'est qu'au départ je ne voulais pas et puis après... On n'en a pas tellement discuté, c'est venu naturellement ! J'étais quand même conscient qu'une femme jeune avait besoin de la maternité et puis j'avais un peu tiré un trait sur les problèmes avec mes enfants. Elle ne me l'a pas fait dans le dos mais enfin, [...] c'est normal pour une jeune femme, la maternité, c'est quelque chose qui est tellement naturel, que je ne comprends pas d'ailleurs les femmes qui n'ont pas ce besoin-là. » Alors que leur premier enfant est voulu par Carole, le second est voulu par Robert, dix ans plus tard. Il a alors 60 ans et sa femme 40.

Robert et Boris ont en commun le fait d'être dans une situation de recomposition familiale (même si, pour ce dernier, il s'agit plus exactement d'une ancienne beau-parentalité qui aura statut de parentalité entière quand il refera famille). Boris incrimine la pilule. Et pour Robert, c'est l'évidence de l'instinct maternel et du besoin d'enfant. « La maternité, c'est quelque chose qui est tellement naturel », nous dit-il. Nous reviendrons ultérieurement sur les enjeux spécifiques des recompositions familiales mais relevons déjà qu'elles se caractérisent souvent par un très grand écart d'âge entre conjoints et une forte asymétrie. Ces hommes relativement âgés ont déjà eu des enfants, alors que leurs conjointes, d'ordinaire plus jeunes, n'en ont pas encore eu. Il y a par conséquent dans ces situations un enjeu spécifique de l'âge : jusqu'où peuvent-ils refuser lorsque leur couple se définit sur cette asymétrie ? Et puis, face à une conjointe aussi jeune, ils se doivent d'autant plus de le rester eux-mêmes. On comprend ainsi que la « nature » peut être, au final, invoquée par ces hommes comme l'argument ultime : elle leur permet de se faire une raison, puisqu'ils cèdent ainsi à un principe indépassable, et non à leur conjointe.

La PMA et l'adoption : le temps des procédures

Pour beaucoup de couples, l'entrée dans la parentalité tardive correspond à une épreuve conjugale. C'est particulièrement le cas lorsque le couple doit se faire à cette idée, ce qui n'exclut pas, bien sûr, que l'un de ses membres ne se soit pas posé la question avant ou n'ait pas tenté de précipiter les choses. Néanmoins, initialement, cette question n'est pas posée conjugalement : l'idée de la conception, lorsqu'elle survient, n'est pas a priori l'expression d'un nous conjugal. C'est justement l'enjeu des négociations que de permettre de faire d'un désir ou d'une volonté individuelle un projet commun.

Ce cadre d'épreuve est également présent lorsqu'une grossesse souhaitée par les conjoints est programmée mais qu'ils rencontrent des difficultés à concevoir – difficultés qui vont donner sens à la parentalité tardive d'une manière singulièrement différente des couples moins en accord sur la question. La notion du temps y est centrale, mais c'est alors le couple qui éprouve un fort sentiment d'urgence face à des bornes d'âge qui, jour après jour, tentative après tentative, ne cessent de se rapprocher.

Même dans les sociétés fortement médicalisées, le recours à la médecine pour avoir des enfants n'est pas aussi évident qu'il y paraît. Certes, beaucoup de « problèmes » sont aujourd'hui pensés au travers de catégories médicales (vieillissement, alcoolisme, précarité) et sont traités grâce à des dispositifs sociotechniques (molécules, interventions sur le corps). La procréation n'y échappe pas et les réussites de la procréation médicalement assistée (PMA) sont incontestables, non seulement du point de vue médical mais aussi parce qu'elles apparaissent socialement comme un réel recours. Pour autant, ce recours au médecin ne va pas nécessairement de soi et relève d'une logique sociale[8]. Ainsi, selon l'urgence ressentie et le temps qu'ils se donnent, il faut aux couples un premier délai plus ou moins long pour constater leurs difficultés à concevoir, puis un second par la suite pour envisager de consulter un médecin ou opter pour d'autres solutions (dont l'adoption). Cet intervalle de temps peut être extrêmement variable, parfois rallongé par le médecin lui-même, lorsqu'il incite à prendre le temps de la réflexion avant d'entamer des démarches.

De surcroît, la PMA ne constitue pas, loin s'en faut, une réponse technique s'imposant d'emblée pour tous comme une évidence. Si c'est le cas pour certains couples, pour d'autres c'est, au contraire, la solution de l'adoption qui s'impose plus naturellement.

C'est la situation de Micheline et de son mari, qui, rencontrant des difficultés pour concevoir, font le choix d'adopter. Pour en comprendre la logique, il faut prendre en compte l'histoire conjugale et le contexte de cette prise de décision.

Lorsque ce couple se constitue, Micheline et son mari vivent éloignés l'un de l'autre par obligation : ils sont enseignants, lui dans le sud-ouest de la France et elle en Bretagne. Autant dire que les déplacements sont difficiles malgré les week-ends prolongés et les vacances. Le contexte rend toutefois acceptable ce célibat géographique. Micheline est d'origine populaire. Cadette d'une famille de sept enfants, elle est seule à faire des études supérieures. Elle vit sa première année de fac, en 1968, comme une vraie libération vis-à-vis de son milieu social. Son père, d'abord ouvrier dans l'industrie automobile, puis artisan maçon, doit renoncer à son activité professionnelle à la suite d'un accident de travail. La compensation de son invalidité est peu élevée, Micheline doit travailler. Elle se met à donner des cours dans le privé (dans l'Ouest, l'enseignement catholique a un poids important). Elle prépare aussi le Capes (qu'elle ne décrochera que près de huit ans plus tard). C'est à cette époque qu'elle rencontre son compagnon, d'un milieu proche du sien. Une longue période de célibat géographique commence. Elle ne peut pas obtenir de mutation, n'étant pas dans l'Éducation nationale. Et lui ne semble pas l'envisager.

Les choses restent vivables. Ils sont jeunes. Ils s'organisent, corrigent leurs copies dans le train. Micheline ayant obtenu le Capes, une mutation se profile, à l'autre bout de la France, près de la frontière belge. Ils ne sont pas particulièrement intéressés par le mariage mais s'y résolvent, moins par conviction que par obligation : « Ça a duré cinq minutes, on n'a pas invité la famille. On était cinq au mariage : les deux témoins et la femme d'un copain qui était témoin. C'est tout. Ça a été très administratif. On a fait ça un vendredi après-midi. J'avais cours jusqu'à midi, j'avais cours à nouveau le samedi. » Le travail, les distances : les conditions ne sont pas réunies pour penser à avoir des enfants. Ils en côtoient régulièrement : filles et fils d'amis, neveux et nièces qu'ils reçoivent pendant les vacances scolaires... Petit à petit, cependant, la question d'en avoir se fait jour, tranquillement. Mais lorsqu'ils s'y sentent prêts, Micheline a alors 36 ans, ils découvrent que ce n'est pas possible car son mari est stérile. Ce n'est pas un drame à leurs yeux. Sans savoir encore qu'il était stérile, ils s'étaient déjà renseignés sur l'adoption : « Je me disais : autant avoir des gamins qui sont déjà là plutôt que d'aller en faire encore et de laisser les autres de côté. C'était un peu l'optique que j'avais. On avait déjà des vues là-dessus, on s'était renseignés, on avait rencontré des copains qui avaient adopté des enfants. » Face à la stérilité de son mari, l'adoption rétablit de fait la symétrie entre les conjoints et renforce le couple autour du projet : « Je lui ai dit que plutôt que de faire une insémination artificielle où l'enfant sera à moitié à moi et pas véritablement à toi, autant qu'il soit d'origine biologique hors du couple ! » Le mari de Micheline s'est totalement retrouvé dans cette façon de voir les choses. Car ce qui compte pour eux, ce n'est pas d'avoir des enfants, mais de « réussir à les élever » de sorte qu'ils « fassent quelque chose ».

Ils entreprennent alors les démarches. Les délais sont longs – un enfant français ? dans huit ans ! Ils écrivent à une cinquantaine d'associations. C'est un échec : leur mariage est trop récent et leur vie commune hors mariage ne compte pas. Ils refusent de mettre en avant la stérilité. Ils ne veulent pas non plus refaire le dossier en payant une association. Ils relancent malgré tout le processus et s'adressent directement aux Administrations des pays étrangers. Peu à peu, ils rencontrent d'autres couples, apprennent comment faire, contactent des avocats qui appuient leur dossier. Les démarches aboutissent finalement lorsque Micheline a 38 ans.

Sur la fin, les choses se sont presque trop accélérées. La maison est insalubre : ils n'ont pas eu le temps de finir les travaux. Puis les choses s'installent et ils décident de tenter une deuxième adoption ; Micheline a alors 40 ans. « On s'était dit qu'à 20 ans, 60 ans, ça reste encore correct. Parce que ma jeune sœur, qui est née quand ma mère avait 36 ans et mon père 40 ans, a souffert de cela ! Elle me disait "mes parents sont vieux !" Je lui disais "ils ne sont pas si vieux que ça tes parents !" Mais c'est vrai qu'ils avaient eu les six avant, je pense qu'ils devaient être fatigués, un peu usés. C'est du travail d'élever des enfants. Du coup, les relations avec ma jeune sœur ont été plus difficiles et elle a eu du mal à supporter. La période de l'adolescence en particulier a été très délicate. »

On le voit dans le récit de Micheline, les façons de résoudre les « problèmes » de conception sont en fait étroitement liées aux caractéristiques des relations conjugales. Le couple d'Annick en est une autre illustration : pour elle et son conjoint, l'engagement dans une procédure d'adoption ne résulte pas cette fois d'une stérilité mais d'un projet conjugal bien posé, qui vise à équilibrer formellement le désir d'Annick d'avoir un enfant et l'indifférence relative de son conjoint à la question de savoir s'il est de lui ou non.

Comme beaucoup d'autres mères que nous avons rencontrées, Annick a vécu sa jeunesse dans l'après-1968, une période qui l'a profondément marquée. Annick est née dans une famille d'enseignants, et son parcours est d'abord celui d'une brillante élève. Classe préparatoire à Fénelon, puis la fac. Elle passe le Capes mais ne présentera jamais l'agrégation. Elle vit mai 1968

« moitié actrice, moitié spectatrice ». Après un premier poste dans les Ardennes, elle prend un congé pour partir en Amérique latine. Pour fuir l'enseignement mais aussi pour se choisir un parcours qui ne ressemble en rien à celui de son père, qu'elle n'aimait pas parce que lui, dit-elle, ne l'aimait pas. Elle rencontre là-bas un architecte argentin. Dans les années 1970, ils reviennent en France, puis repartent au Chili, où ils se font emprisonner au moment du coup d'État. Cet événement marque le début de son engagement politique, que son ami ne partage pas. Ils se séparent et Annick, après quelques années au Mexique, rentre en France. Elle reprend son métier d'enseignante, tout en militant pour la cause latino-américaine. À cette époque, la famille ne l'intéresse pas, elle se voit mère porteuse pour vérifier qu'elle « peut enfanter ». C'est à ce moment, dans les réseaux militants, qu'elle rencontre son mari, de onze ans plus jeune qu'elle. Elle ne le sent pas prêt, envisage de remettre l'enfant à plus tard mais tombe quand même enceinte, à 34 ans. Elle choisit de garder l'enfant contre l'avis de son ami, qui, malgré tout, reste. En revanche, il ne s'investit pas du tout dans la grossesse : « Il se contentait de dire d'accord ou pas d'accord. Ce n'était pas, effectivement, une parentalité partagée. » Elle se décrit elle-même comme le tempérament dominant dans le couple et on nous l'avait d'ailleurs présentée comme le Pygmalion de son mari.

En 1980, alors qu'il suit une formation dans le nord-est de la France, elle décide de s'installer dans sa ville natale, en Bretagne. Cette vie conjugale à distance va durer six ans. Annick est partagée sur l'évolution des choses : elle estime que donner un frère ou une sœur à son premier fils serait une bonne chose mais, parallèlement, réalise qu'elle devrait l'élever seule.

Annick n'arrive pas à en vouloir à son mari de ne pas être présent : « Ma culpabilité était telle que, de toute façon, c'était de ma faute. C'est moi qui m'étais foutue dans cette situation-là. [...] La relation n'était pas non plus si solide que ça. Ça me paraissait évident. J'étais partie de l'idée que c'était une relation sans avenir, quand je l'ai rencontré. Avec ses onze ans de moins, pour moi, c'était clair que c'était une relation qui ne pouvait pas durer. [...] Il y a eu six années, claires, nettes, où on n'a pas été ensemble. Et c'est là où c'est joué le fait de ne pas avoir d'autre enfant. »

Il la rejoint finalement, six ans plus tard et trouve un travail dans une banque. Entre-temps, elle a milité à la LCR, puis au PS. Dans le milieu des années 1980, elle tombe enceinte à 41 ans mais fait une fausse couche. Son parcours lui a donné l'occasion de beaucoup réfléchir sur elle-même, sur ses peurs, son rapport à son père, à son conjoint qui est indifférent au fait de savoir si l'enfant de cette grossesse inachevée était de lui ou non. Considérant tout ceci, elle décide d'adopter, ce à quoi son compagnon ne s'oppose pas. Elle a 43 ans. La procédure les contraint à se marier, à subir les délais d'attente : elle a 46 ans lorsqu'ils accueillent leur fille. L'intégration dans la famille se passe très bien. Au point qu'ils ont même failli rééditer l'expérience. Mais Annick est à un tournant de sa carrière (passant du lycée à l'université) impliquant des responsabilités nouvelles, elle a par conséquent moins de temps à consacrer à sa famille. L'éventualité d'une nouvelle adoption s'éloigne mais, petit à petit, Annick modère ses activités militantes. Elle qui ne se considère pas comme très douée avec les enfants estime avoir gagné en patience et en disponibilité. « Par rapport à ma fille, je ne suis pas du tout persuadée que, dix ans plus tôt, j'aurais été à même de participer à tant de choses. [...] Aujourd'hui, j'ai un peu plus de temps, je suis plus tolérante. C'est vrai que je ne me suis jamais occupée de maquillage, je n'ai jamais fait les magasins. Je pense que je suis plus capable d'aller faire du shopping maintenant qu'il y a dix ans. J'aurais dit "ça ne m'intéresse pas, j'ai d'autres chats à fouetter". J'aurais moins adhéré à ces complicités, ce type de complicité de femmes... »

Les relations se sont aussi redéfinies au fil du temps. Le second enfant correspond plus à un projet de son mari qui, dès lors, s'investit plus : « [Pour le premier enfant] j'avais forcé à la paternité quelqu'un qui n'était pas prêt pour ça. Il y a des tas de mecs qui, à 22 ans, ne sont pas prêts et réagissent différemment de ça. Et c'est l'attitude qu'il peut avoir avec [sa fille] qui me fait comprendre ça, parce qu'il y a dix ans d'écart effectivement entre les deux et là, c'est le contraire, c'est son projet plus que le mien. »

Que l'accès à la filiation se fasse par adoption, procréation « naturelle » ou médicalement assistée, le temps pris pour réaliser le projet et les péripéties de sa mise en œuvre contribuent à donner sens à l'événement. Et, de ce point de vue, l'adoption présente tous les traits d'un parcours du combattant, jalonné d'épreuves à surmonter : la lenteur du processus, la logique froide des bureaucraties et des Administrations, le fait de dépenser un maximum d'énergie au fil des mois pour cette démarche et de voir les mois et les années passer. Tous ces obstacles peuvent venir refonder le projet, à l'image de ce qu'a vécu Valérie.

Valérie est née dans les années 1950, d'une famille de cinq enfants. Son père était libraire bouquiniste à Paris, sa mère élevait les enfants, ils habitaient la capitale mais séjournaient souvent en Touraine dans la maison de famille. C'est là notamment que l'esprit de famille dans lequel elle a baigné – dans sa jeunesse, puis avec les enfants de son frère et de ses sœurs, avant l'arrivée des siens – s'est développé. Elle présente donc, avec cette image, comme une évidence le fait de fonder une famille. Mais les circonstances ont fait en sorte qu'elle n'a pas trouvé l'homme adéquat pour mener à bien ses projets. Dans l'entretien, elle n'évoque rapidement qu'un homme avec qui la question aurait pu se poser – une histoire douloureuse visiblement. Elle ajoute que malgré le contexte post-1968 de l'époque, et cet environnement social assez permissif, elle n'a jamais eu l'intention de « faire un enfant seule ». Cependant, à l'approche des 40 ans, elle se dit qu'il faut « faire quelque chose ».

En même temps qu'elle prend conscience de cet état de fait, une de ses amies adopte. Cette solution s'impose dès lors très vite pour elle « comme une évidence ». Commence alors le parcours du combattant. Valérie pourrait en dire long sur la difficulté d'adopter et l'ampleur des démarches. Si son idée d'adopter s'est rapidement transformée en conviction, il a cependant fallu un an pour asseoir le projet, en parler et faire le tour des questions possibles. Une année supplémentaire a été nécessaire pour mettre le projet à exécution, année marquée par les démarches administratives et la préparation du voyage au Vietnam. Elle décrit avec beaucoup d'émotion le moment où elle engage ces démarches et rédige la lettre officielle « toute simple » et pourtant « si compliquée » à écrire pour demander un dossier aux Administrations des pays concernés. Elle s'y reprend à plusieurs fois, l'apposition de ces quelques mots à une instance bureaucratique lui paraissant à cette époque correspondre à une forme de conception. Mettre noir sur blanc cette demande ravive tellement de doutes enfouis qu'elle doit différer de quelques jours cette tentative. Surmonter cette épreuve revenait à donner corps à son désir. Cette expérience forte pour la première adoption a été différente pour la seconde, car Valérie a pu prendre conscience que ce moment n'était pas le plus important, tout restant à faire, jusqu'au moment crucial d'aller « trouver » l'enfant.

À aucun moment dans son récit, l'âge ne pose problème. Elle adopte à 43 puis 45 ans deux enfants, à leur naissance. Mais, plus que l'âge, la singularité de son expérience est, de son point de vue, d'avoir adopté seule[9] ses deux enfants. Elle raconte avec émotion la préparation de la chambre dans « cet appartement de célibataire », et surtout le retour chez elle, occasion d'une fête avec les amis et la famille. Si elle n'insiste pas sur le soutien de ces deux réseaux, elle souligne que personne ne l'a fait douter dans sa démarche. Elle n'a su que très récemment que son père avait discrètement émis des doutes sur sa démarche d'adoption, sans interroger le fait qu'elle le fasse seule ou à cet âge-là. Pour ce projet, sa vie professionnelle passe au second plan. Infirmière, puis psychologue clinicienne et ensuite journaliste (médicale puis dans la presse pour enfants), elle est depuis deux ans au chômage, malgré quelques piges. Si elle dit « chercher encore » un nouvel emploi, c'est de manière sereine : « Ce n'est pas moi qui fais l'économie et, vu mon âge... » Elle ne veut en aucun cas remettre en cause son implication forte dans l'éducation de ses enfants, quel que soit le travail. C'est pourquoi elle n'accepterait de reprendre le métier d'infirmière qu'à condition que soient respectés les horaires d'école. Elle se dit satisfaite de ce qu'elle a.

Se faire à l'idée de l'adoption, entreprendre les démarches, trouver un enfant adoptable, l'accueillir : autant de séquences dont l'agencement et la durée peuvent varier fortement d'une situation à l'autre, selon les critères du moment et les demandes des adoptants (l'âge ou la nationalité de l'enfant, le fait de pouvoir accueillir une fratrie... tous les enfants à adopter ne se valent pas). Quoi qu'il en soit, le parcours du combattant de l'adoption est marqué par une forme d'inégalité : toutes les personnes n'y sont pas en effet à égalité de ressources, et de grands écarts existent quant aux délais d'accès ou à l'issue du processus. De manière moins marquée toutefois que pour l'adoption, on observe cette même logique dans le recours à la PMA. Dans ces deux cas, l'ampleur des démarches et les interrogations qu'elles suscitent sur sa capacité à tenir bon face à l'adversité constituent autant de mises à l'épreuve de la cohérence et de la solidité du projet d'enfant. C'est ce qui, paradoxalement, permet à un certain nombre de ces parents tardifs d'entrer de plain-pied dans leur parentalité, en en faisant la marque indéfectible de leur volonté et de l'entrée dans un projet contre, à la limite, le hasard de la conception.

Les recompositions familiales : le poids du passé

La nature de l'épreuve est encore différente dans les configurations de recomposition familiale où, à l'occasion d'une nouvelle vie de couple, se reforge le projet d'avoir, de nouveau, des enfants. Dans la plupart des cas, l'un des parents au moins en a déjà eu d'une précédente union. La situation de ces couples diffère sensiblement de celle des couples « non recomposant ». Certes, dans les deux cas, c'est l'engagement de chacun des conjoints dans le projet commun qui permet de fabriquer un « nous » conjugal et marque ainsi l'attachement à ce bien commun que constitue le couple. Mais dans les situations de recomposition familiale, l'engagement dépend davantage des situations de chacun en termes de parentalité.

Dans les cas (plutôt rares pour la parentalité tardive) où chacun des conjoints a déjà eu des enfants de précédentes unions, on peut parler d'une logique symétrique de refondation. Les conjoints sont en quelque sorte à égalité, dans des situations équivalentes (même si l'âge, le calendrier de la fécondité, le désir ou la situation professionnelle des conjoints peuvent différer).

À l'inverse, dans les cas de refondation asymétrique, l'un des parents n'a pas encore eu d'enfant, au contraire de l'autre. Il n'y a donc ni équivalence ni égalité dans le couple. Impliquant une logique d'engagement dans le projet au nom d'une nouvelle histoire conjugale, écrite au présent plutôt qu'au passé, cette configuration est aussi celle où les négociations sont les plus problématiques, du fait du passif de chaque conjoint.

Le plus souvent, ces configurations correspondent à des cas de paternité tardive où l'homme est plus âgé et a déjà eu des enfants dans une précédente union. Cette situation est relativement fréquente en raison du sens de l'écart d'âge – en couple, les hommes sont souvent plus âgés que les femmes – mais aussi des inégalités de calendrier de fécondité – les hommes disposent de plus de temps que les femmes pour avoir des enfants. Dans ces situations, les femmes se disent plutôt en désir d'enfant et les hommes tendent plus fréquemment à résister au désir exprimé de leurs compagnes. C'est particulièrement le cas des hommes ayant connu des séparations, voire des divorces difficiles, suivis parfois d'un délitement des relations avec leurs enfants. Les modalités d'aménagement de la garde, la difficulté d'entretenir sur le long terme de bonnes relations avec leurs premiers enfants influent fortement sur leur rapport à cette future paternité. De nombreux pères tardifs semblent tirer leçon « de ce qui s'est passé » pour s'autoriser une nouvelle paternité ou, au contraire, y résister.

C'est cette ancienne histoire conjugale et, plus largement sa trajectoire sociale, qui explique chez Robert les réticences à devenir de nouveau père lors d'un second mariage. Robert est né dans une famille modeste. Sa mère était femme de ménage et son père après avoir été chauffeur devient sous-chef de rayon dans un grand magasin. Initié à la photographie par son père, Robert monte à Paris pour trouver un travail de dessinateur mais aussi pour faire de la photo. Nous sommes dans l'après-guerre, il n'a pas 21 ans et n'est pas encore majeur. Il travaille puis part faire son service militaire. À son retour, il décide de s'orienter vers la photo et de ne plus faire de dessin. Après une première expérience malheureuse de photographe de cinéma, il trouve un emploi de photographe dans l'édition. Autodidacte, il ne suit aucun cours ni formation mais son choix se renforce : il s'inscrit au registre des médias en tant que photographe. Il installe ses studios et son atelier dans son appartement puis loue des studios indépendants.

Quand il se marie, Robert a 28 ans. Ils ont très rapidement trois enfants. Lorsque le troisième naît, il a 33 ans. Mais très vite la situation se dégrade. Très investi professionnellement, il participe peu à leur éducation. En grandissant, les enfants prennent parti pour leur mère, ce qui pousse Robert à travailler encore plus. Il a parallèlement une liaison avec une de ses employées. Il ne se dit pas prêt alors à « quitter ses enfants ». Mais il tombe peu à peu amoureux de sa maîtresse et compare ce qu'il vit avec elle avec son « enfer » conjugal.

De fait, un sentiment d'injustice rythme son récit : s'il était absent, s'il travaillait tant comme on le lui reprochait, c'était pour sa famille, pour lui apporter le confort d'avoir une bonne, le chauffage central, la télé, le téléphone, le piano. Ce sentiment d'injustice, on s'en doute, n'est pas sans conséquence sur sa manière d'aborder ensuite la question de la paternité lorsqu'elle ressurgira.

Il finit par rompre avec sa femme, rupture qui se conclut par un divorce (pour faute) puisque, à cette occasion, sa femme apprend qu'il a eu une liaison. En fait, le divorce symbolise pour Robert une véritable libération. Il peut « faire tout ce qu'il n'avait pu faire auparavant » : aller aux sports d'hiver, en Corse, faire du ski nautique, apprendre à piloter un avion… « Tout ça, je l'ai fait après mon divorce, parce que avant je n'avais pas pu, je passais tout mon temps à ma carrière plutôt qu'à m'amuser. » Il rencontre dans le milieu des années 1970 une femme de 25 ans. Il en a 45. Les relations sont difficiles avec ses enfants, et sa nouvelle compagne est au milieu des tensions. Il décide finalement de ne plus imposer son droit de visite : « J'étais toujours leur père. Ils savaient où j'étais. Ils savaient où était le studio et que ma porte leur serait toujours ouverte. » Il ne les voit plus beaucoup, situation relativement fréquente chez les pères divorcés. La rupture est, pour lui, consommée lorsqu'ils ne réagissent pas à un accident grave de leur grand-père. Robert décide de ne plus payer la pension. Il ne commencera à les revoir que lorsqu'il aura 70 ans.

Cette expérience malheureuse pèse évidemment en lui et, dans un premier temps, il est hors de question pour lui d'avoir de nouveaux enfants : jusqu'à ce que sa femme ait passé le cap des 31 ans, il ne veut pas d'enfants. « Ça se comprend ! J'étais quand même assez refroidi. » Mais avec le temps, il se rend compte que sa position n'est pas tenable pour sa femme. À 51 ans, il a un premier enfant d'elle, suivi d'un second dix ans plus tard sur son initiative. Réticent au début, il se dit finalement content. Et puis, les choses allant, c'est lui qui voudra le second. Il a, depuis, revu les enfants du premier lit mais reste dubitatif quant aux intentions qui les ont amenés à reprendre contact avec lui. Il préfère garder ses distances, comme s'il se réservait pour ses derniers enfants, dans l'éducation desquels il s'investit beaucoup plus.

Le grand écart d'âge entre conjoints, l'inégalité de leurs situations relativement au projet (recomposition asymétrique : l'existence d'enfants d'une autre union), l'éventuel rôle de beau-parent dévolu à l'un ou à l'autre sont autant de caractéristiques qui confèrent à ces recompositions familiales tardives le caractère d'une épreuve conjugale (entre conjoints), familiale (avec les enfants du premier lit qui sont aussi les beaux-enfants du conjoint) mais aussi individuelle. Redevenir père suppose d'intégrer les éléments de cette histoire ancienne dans la nouvelle histoire conjugale. Les récits témoignent de ce travail de réflexion sur soi-même, mené pour donner sens au refus ou à l'acceptation d'une nouvelle paternité (ou, plus rarement, maternité).

Cette histoire, pour être individuelle, n'en est pas moins socialement travaillée à l'intérieur du couple. Dans le contexte de l'engendrement par projet, aucun couple ne tiendrait longtemps si l'un des conjoints se dérobait à l'injonction qui lui est faite de décliner les bonnes raisons qu'il a de se refuser à tout engagement. Ce travail sur les expériences est à ce titre constitutif des manières de devenir parent et, en particulier, père : il permet aux individus de tirer leçon des événements passés et de se constituer une ligne de conduite. Il ne consiste pas seulement à trouver des arguments (pour ou contre), mais aussi à donner un sens à une nouvelle parentalité et à une nouvelle manière d'être parent.

Le récit que Jean fait de sa paternité tardive est révélateur de ce travail sur lui-même. Ancien officier mécanicien de la marine marchande où il fera toute sa carrière, il se marie à 30 ans, dans les années 1960. Sa femme et lui ont un enfant, deux ans plus tard. La vie passe, Jean est en mer et découvre que, pendant ce temps, sa femme a « un jules ». Il veut divorcer mais les circonstances font qu'il ne va pas plus loin. Selon sa femme, c'était un accident. Ils ont un enfant, et il se dit que, malgré tout, il faut rester ensemble. Et surtout, son père est à l'époque mourant, et il craint que sa mère, cardiaque, ne lui survive pas longtemps. Après le décès de son père, il connaît une brève dépression de deux mois puis repart en mer. Alors que sa vie reprend son cours, il s'aperçoit que son épouse a de nouveau une liaison. Nous sommes avant la loi de 1975 sur le divorce par consentement mutuel. Et, cette fois, Jean se sait « plus préparé ». Il recourt à un détective privé et engage la procédure de divorce. Il obtient la garde de son fils mais doit faire appel à sa propre mère lorsqu'il prend la mer, ce qui n'est pas sans poser de problèmes. Son absence n'arrangeant certainement pas les choses, son fils, adolescent, tombe peu à peu dans la drogue et la délinquance. Jean parle de cette période comme d'« une descente aux enfers ». Sa mère baisse les bras. Jean fait des efforts, suit de près la scolarité de son fils (ce qui lui vaut la reconnaissance de ses enseignants), tente de le faire hospitaliser, sans résoudre tout à fait le problème. Son fils va et vient, lui reproche de le battre, vole sa grand-mère...

Il a 44 ans quand il rencontre une jeune femme durant des vacances en famille. Le mariage a lieu six mois plus tard. Sa femme a un peu plus de la trentaine. Ils attendent sept ans avant d'avoir un enfant. Il a fallu longtemps pour convaincre Jean, qui n'y était pas spécialement favorable. Ayant déjà un fils, « le lit n'était pas vide ». Son épouse ne voulait pas non plus en avoir rapidement. Si l'écart d'âge (une quinzaine d'années) n'a jamais été un problème entre eux, quand le projet d'enfant se concrétise, il surgit logiquement dans les discussions « On en a parlé. J'ai dit que j'espérais que ça n'allait pas le handicaper plus tard.

Il aura un père quand même qui sera plus vieux que la moyenne des pères. Je serai plutôt le grand-père que le père. » Il investit ensuite sa nouvelle paternité au regard de l'échec qu'il avait connu, dans une dynamique de rattrapage, sans toutefois renier son premier fils. Il dit ainsi avoir deux fils, même si les choses ne se sont guère améliorées avec le premier, qu'il ne voit qu'épisodiquement et au prix de beaucoup d'histoires. Il prend sa retraite avec l'idée de s'occuper de son deuxième fils (l'école, le foot...). À 70 ans, il se donne dix ans de moins et se trouve dans l'esprit plus jeune que d'autres.

Ces expériences passées qui influencent le nouveau projet d'enfant ne sont pas propres aux pères et on peut les observer tout autant dans les situations de beau-parentalité, comme cela apparaît dans le récit de Boris. Pour expliquer son « retard », celui-ci met en avant la dimension relationnelle de la conjugalité (être bien en couple sans vouloir des enfants) et la dimension biographique d'une paternité pour laquelle il faut « être prêt ». Mais c'est aussi son expérience négative de « quasi-beau-père » qui le rend réticent au moment de devenir cette fois lui-même père.

Toutes les situations de recompositions familiales ne correspondent pas à un modèle conflictuel de rupture même si, statistiquement, un divorce ou une séparation se traduit dans la majorité des cas par un éloignement du père vis-à-vis de ses enfants. Sans être très nombreux, certains pères tardifs décrivent ainsi des formes plus consensuelles de séparation, ce qui, inversement, donne valeur positive à ces expériences au moment de refaire famille.

C'est le cas d'Ahmed, qui expose dans son récit la continuité de relations entre les enfants de ses deux mariages, en témoigne d'ailleurs le fait qu'il habite avec sa nouvelle femme dans le même immeuble que ses enfants et sa première épouse. Son parcours, qui condense les caractéristiques du modèle de l'engendrement par projet, doit beaucoup à sa trajectoire personnelle. Militant politique (à LO puis au PS) et syndical très actif, il est aussi très investi dans la vie associative locale. Il est également travailleur social, avec ce que cela suppose d'intérêt pour les discours des sciences sociales (psychologie, sociologie, sciences de l'éducation, etc.), mais aussi de sensibilité aux principes du projet, de l'autonomie et de l'*empowerment*.

Comme souvent, dans le cas d'Ahmed, le militantisme est une des causes de son premier divorce. Ce sont ses absences fréquentes et la « difficulté à communiquer » qui expliquent selon lui son divorce. Il voulait la garde de ses enfants mais convient avec sa femme de la lui laisser. Il garde de bons contacts avec elle. À la suite de ce divorce, il s'investit encore plus dans la vie associative. Il y croise Nathalie, plus jeune que lui de 15 ans, issue d'une famille de cheminots communistes. Après une brève période de chômage (car il a quitté son emploi à la SNCF), il travaille au Centre de l'enfance, puis est appelé par la mairie de P. pour faire de l'animation dans les quartiers – dans une formule très proche de celle des « grands frères », même s'il ne le dit pas ainsi. Avec la montée des tensions dans les banlieues, il s'installe dans l'administration sociale locale. Peu à peu, il se spécialise dans l'insertion, l'accompagnement social et la médiation. C'est pour lui une manière différente de poursuivre ce qu'il faisait dans le militantisme.

Entre-temps, il s'est installé avec Nathalie. Ils ont une première fille deux ans plus tard. Dans un premier temps, il n'y tenait pas, sans en faire pour autant une position indépassable. « Au départ, quand j'ai divorcé, je disais : ça y est, plus d'enfants ! Les deux premiers, ça suffit. Chassez le naturel, il revient au galop ! Et tu te poses la question suivante : "si je suis avec quelqu'un, je ne peux pas l'empêcher d'enfanter ou de vivre la maternité, sinon on se sépare." Donc on s'est dit OK, on fait au moins un enfant. » Une autre conception apparaît mais se conclut cette fois par un avortement. Et puis cinq ans plus tard, de nouveau, la question se pose. Ahmed, cette fois, est contre cette perspective d'un nouvel enfant mais accepte devant l'insistance de Nathalie. Le même scénario se rejoue, de manière plus accentuée, en 1997. Un « accident aussi », dit-il, mais il se trouve trop vieux (il a 46 ans) : « Elle me l'a annoncé. J'ai eu une réaction assez désagréable. Sortir des phrases comme "elle a fait un bébé toute seule", ce genre de trucs. Je n'étais pas du tout content. Après, comme il y avait eu ce passage, ce premier avortement, je suis revenu sur ma position. » Sa compagne souhaitant le garder, il réussit à « s'y faire » mais, dit-il, « ça a duré quand même assez longtemps. Le bébé était là, on était toujours dans la période légale pour l'interruption de grossesse, mais bon. Après dialogue, communication, c'est parti ». Il passe néanmoins par une phase difficile, semblant redouter de ne pas pouvoir « donner autant » à chacun de ses enfants. Le couple, à cette période, a acheté une maison. Ils ont trois enfants mais divorcent finalement lorsque la dernière atteint ses 3 ans.

Cette fois, la séparation est « dure », dit-il, « après dix-sept ans de vie commune ». Les crises sans doute liées au nombre d'enfants qu'il faut suivre et éduquer, une « usure » conjugale en même temps que personnelle expliquent la rupture. Il arrête tous ses engagements, se sent âgé et a moins d'énergie.

Il dit avoir aussi, à l'époque, une « tendance à l'alcoolisme ». Le divorce, qui devait être à l'amiable, se durcit avec la question de la garde des enfants et des prestations familiales. Ils étaient d'accord entre eux sur la garde alternée, mais l'entrée en scène des avocats va précipiter le conflit : « Chaque avocat développait des trucs, alors que ni l'un ni l'autre n'avait dit des choses comme ça. » Avec le temps, les choses se tassent un peu. Ahmed vient d'ailleurs de se remarier, avec une Marocaine de 33 ans, pratiquante, arrivée en France il y a trois ans et actuellement étudiante. Il impose le fait qu'il n'aurait plus d'autres enfants. Tel est, dit-il, le contrat qu'ils ont passé.

Ces descriptions sont contrastées et certaines apparaissent plus positives que d'autres. Mais, par-delà ces différences, tous ces récits montrent combien les expériences et les histoires de ces pères résonnent et donnent sens à ce nouveau moment dans leur existence. Il n'y a donc qu'inversion de signe : dans les deux cas, que cette expérience ait été ou non difficile, c'est l'inscription dans leur biographie qui vient fonder leur paternité.

Pour autant, la parentalité tardive n'est pas seulement le lent mûrissement d'une histoire personnelle. Elle ne se réduit pas non plus à une heureuse rencontre entre deux désirs en quelque sorte « déjà là » et qu'il ne resterait qu'à informer puis concrétiser. Les choses sont autrement plus compliquées et bien moins linéaires. Alors que certains pères, après avoir marqué leurs réticences à l'idée de (re)devenir pères, se font à cette idée et entrent de plain-pied dans une paternité tardive, d'autres se contentent de se laisser convaincre ou semblent presque céder au désir de leur conjointe. Souvent d'ailleurs dans les récits, un avortement vient précéder la paternité tardive ; cette fréquence des avortements montre l'impossibilité pour les hommes de persévérer dans leur logique moratoire lorsqu'ils ont réussi à faire barrage à une première conception.

Ces trajectoires, loin d'être linéaires, sont faites de ruptures, de scansions et de bifurcations. Et au centre de celles-ci, on trouve les négociations conjugales : des échanges plus moins argumentés et des rapports de force plus ou moins explicites entre conjoints, qui font basculer et changer d'avis, ou simplement céder (avec l'idée que l'on n'y peut rien, que c'est dans l'ordre des choses et de la différence de genre). Est-ce à dire alors que nous aurions des parents et, dans les faits, surtout des pères malgré eux ? Force est de constater que la conversion bien réelle de certains s'opère sous une pression conjugale forte et on pourrait ainsi dire qu'ils ont cédé à leur conjointe. Mais leurs récits montrent aussi comment, dans un second temps, ils ont été amenés à reconsidérer la situation et à voir autrement les choses, quitte parfois à relire leur histoire pour enfin se dire « prêts ».

Il ne faut donc pas se laisser abuser par cette image de pères entrant à reculons dans la paternité. D'abord parce que ces récits biographiques isolent et saisissent des moments de doute et d'indétermination où les choses se disent entre conjoints, ou même parfois s'expriment sans se dire, en marquant des limites ou en posant des distances. Par ces échanges, en prenant appui sur les lieux et les objets, les individus entrent dans une épreuve dont l'enjeu est l'engendrement et, jusqu'à un certain point, le couple en tant que tel. Ce n'est que lorsque les interprétations se stabilisent et prennent force de jugement, clôturant alors la période de doute et d'indétermination, que l'épreuve trouve son issue.

Lorsqu'on replace les choses en perspective, comme le font d'ailleurs les personnes elles-mêmes dans leur récit, on s'aperçoit qu'au fil du temps les choses évoluent fortement. Car, au sortir de cette épreuve, beaucoup de ces hommes entrent de plain-pied dans leur paternité, profitant alors d'une disponibilité nouvelle pour investir cette paternité nouvelle. On retrouve ici la double face de l'engagement[10] : action de s'engager liée à des valeurs (s'engager à ou envers quelqu'un) et, en même temps, principe de cohérence imposé par le contexte (être engagé par...).

Devenir parent tardif

Dans les sociétés contemporaines, le projet est érigé en valeur cardinale. Il doit constituer le fil conducteur d'une existence enchaînant, en toute cohérence, les projets personnels, de formation et professionnels, conjugaux et familiaux. Il s'agit alors pour les individus de trouver des connexions entre ceux-ci mais aussi d'y articuler ceux de leurs conjoints[1].

L'engendrement contemporain est pris dans ces contraintes : il suppose la formulation, dans un temps restreint, d'un projet conjugal, en articulation de logiques d'accomplissements parfois concurrentes. Dans certains cas, le projet n'apparaît pas acquis et doit être négocié dans le cadre d'épreuves, parfois nombreuses et étalées dans le temps, où se jouent la grandeur des individus, leur volonté de faire couple et leur désir de faire famille. Au fil des négociations, les interprétations se stabilisent et prennent force de jugement : l'événement au départ indéterminé acquiert un statut pour les individus et les couples. Une conception inattendue prendra qualité d'erreur technique ou de manifestation d'un désir caché. Un désir exprimé d'enfant pourra être qualifié aussi bien de passade que d'événement à considérer, jusqu'à faire entrer dans l'épreuve ou provoquer la fuite.

Pourtant, toutes les situations ne débouchent pas sur un cadre d'épreuve aussi marqué[2]. Parfois, l'entrée dans la parentalité tardive se fait en dehors d'une logique de projet, au sens moderne du terme. Elle se situe alors dans la continuité de l'engagement dans le couple, dont elle est la suite logique et presque nécessaire. Parfois encore, la dimension de projet est plus présente et partagée. L'entrée dans la parentalité tardive se fait alors sans qu'il y ait d'épreuve particulière.

Mais au-delà de cette pluralité de manières d'y accéder, la parentalité tardive présente une spécificité, celle d'impliquer de grands changements pour les individus car elle survient à un moment singulier de la vie. Être parent à un âge avancé signifie de le devenir à un moment où les enjeux professionnels se transforment et où des événements majeurs de l'existence peuvent survenir. Chômage, retraite, vieillissement de ses parents, décès de proches : autant d'événements qui sont susceptibles de déterminer un engagement nouveau. Le discours de ces parents tardifs met en effet fortement en avant leur implication dans l'éducation de leur progéniture, mais aussi le poids ressenti d'une responsabilité nouvelle qui leur incombe. Celle-ci est inhérente, sans doute, à toute parentalité, mais dans le cas des parents tardifs, elle s'accompagne d'un effet de l'âge non négligeable. Il se rappelle parfois à eux dans le regard, pesant, de ceux qui jugent leur situation. Il se traduit aussi par un sentiment de fatigue qui doit être surmonté pour satisfaire aux exigences du modèle éducatif contemporain.

L'engagement dans une parentalité tardive fait ainsi question pour certains parents. La mobilisation de soi n'est pas sans limites face à la fatigue mais aussi à la difficulté de trouver une cohérence à ce que l'on fait, lorsque par exemple la transmission fait défaut et que l'on ne retrouve pas, chez ses enfants grandissants, les valeurs que l'on voulait léguer.

Un tournant dans l'existence

Toutes les situations de parentalité tardive ne présentent pas un caractère d'épreuve. Parfois, la question des enfants se fait jour sous les traits d'un événement naturel, sans rappeler pour autant les figures qu'elle pouvait prendre dans les années 1960 ni se rapporter à l'acceptation résignée de la position de sa conjointe. Ces situations d'acceptation renvoient a priori à deux grandes figures : celle de couples constitués tardivement où, dès lors, la question des enfants fait partie intégrante du projet conjugal ; mais aussi celle où cette question intervient dans un contexte généralisé de changement. Dans ces deux configurations, ce sont ainsi les circonstances du moment qui viennent expliquer l'entrée dans une parentalité tardive.

Pour un certain nombre d'hommes, le fait de devenir parent tardivement résulte de la prolongation d'une situation imposée de célibat. Cet ajournement de la mise en couple ne correspond pas aux couples « en pointillés » des configurations modernes : elle relève d'une figure plus traditionnelle[3] du couple stable et d'une organisation du parcours des âges laissant peu de place à la jeunesse. C'est cette logique que l'on retrouve dans les récits de Roland et de Jules. Bien que situés aux deux extrémités de l'espace social – l'un est ingénieur centralien, l'autre ouvrier paysan –, ceux-ci ont en commun d'avoir passé le cap des 20 ans peu avant les années 1960. Ils vont commencer à travailler beaucoup l'un et l'autre, dans le contexte des « Trente Glorieuses », sans pour autant s'installer en couple, contrairement au modèle « normal » de l'époque. On peut réellement parler ici de célibat, car aucune femme (ni aucun « papillonnage ») ne figure dans leurs récits avant que ces hommes ne rencontrent celle qui deviendra la mère de leurs enfants. Ces situations qui renvoient à un modèle du couple plutôt traditionnel, où les unions restent stables et les individus ne prolongent guère leur jeunesse, se distinguent de celles décrites dans les chapitres précédents. Pour

Boris par exemple, on ne peut parler de célibat dans la mesure où celui-ci n'a de sens qu'en regard d'une conception relativement instituée et durcie du couple. Son récit fait apparaître un nombre important de rencontres, d'essais et tâtonnements. La nature de la relation est plus souvent problématique et discutée : était-elle purement sexuelle ? « Jusqu'où étais-je prêt à aller ? » Pour Jules ou Roland, la fondation d'un couple est davantage asservie à un contexte familial, social ou professionnel au cours d'une période qu'à des aspirations personnelles.

Né à la fin des années 1930, Roland est le fils cadet d'une famille d'agriculteurs comptant quatre garçons. Son oncle et sa tante devenus trop âgés pour assumer leur exploitation et n'ayant pas d'héritier pour la reprendre viennent habiter à la ferme familiale dans les années 1960, y rattachant leurs terres. La ferme s'agrandit mais sans beaucoup plus de perspectives d'avenir, à l'heure où la modernisation accélérée des campagnes condamne au déclin le monde de la petite paysannerie française. Ses frères quittent la ferme mais Roland, lui, reste jusqu'à ses 30 ans pour aider son père dans l'exploitation. Plus tard, il est contraint au salariat pour gagner sa vie et se fait embaucher dans une entreprise du bâtiment. La terre est mise en location.

Roland se retrouve à vivre avec son père et à l'aider dans sa vieillesse, dans une logique de maisonnée[4]. Lorsque le partage se fait, il obtient la maison. Il se retrouve donc dans la situation des héritiers condamnés à rester avec l'héritage. Il est célibataire, situation fréquente dans la petite paysannerie[5]. Le contexte rural de l'époque rend difficile de « rencontrer quelqu'un ». La charge de son père ainsi que les préoccupations liées au travail contribuent à l'installer durablement dans le célibat. Il n'évoque d'ailleurs jamais, dans son récit, le fait qu'il pensait pouvoir en sortir. En milieu paysan, vieillir revient à passer la main[6] à celui qui, héritant, devient chef de famille, comme on disait alors. Résister au vieillissement suppose bien souvent de résister à l'héritier, « de lui en laisser le moins possible ». Ainsi, sans être spécialement tendues, les relations sont parfois difficiles avec son père, qui garde la main sur la maison familiale : « La maison devait rester comme ça. Il savait qu'elle devait être à moi mais je n'avais rien à faire avant que… »

Confronté à cette charge morale, Roland s'investit dans le travail et y trouve des compensations, se déplaçant fréquemment, « là où est le boulot ». Pendant quinze ans, son père parvient à se débrouiller seul. Fonctionnant comme une échappatoire, le travail est pour Roland un facteur de dignité : selon lui, on peut « bien faire » même si « l'on n'a rien », c'est-à-dire aucun diplôme. Il est également un élément de sociabilité et permet une meilleure hygiène de vie : « Le midi je mangeais toujours au restaurant. Des fois, je n'avais pas le temps de bien manger le matin ni le soir, donc au moins, c'était un repas correct. » Roland n'est pas tout à fait seul pour s'occuper de son père : sa belle-sœur, qui habite à côté, lui fait à manger en journée. Mais, cette aide s'accompagne d'une sorte de contrôle sur sa propre vie, qu'il n'apprécie pas. En effet, il ne peut pas rentrer trop tard, doit écouter les conseils diététiques, les recommandations touchant à l'hygiène et à la santé que lui profère sa belle-sœur ; autant de manières d'expliquer à ce « vieux garçon » les bonnes façons de vivre. Et le soir, en rentrant du travail, il faut encore couper du bois, préparer la soupe, s'occuper de son père. Celui-ci, en vieillissant, demande une présence de plus en plus importante, en particulier la nuit, où Roland doit parfois se lever trois à quatre fois. La fatigue de ces levers nocturnes s'ajoute à la fatigue du travail et des trajets. Roland se sent vieillir : « Je vieillissais. Et puis, quand tu ne dors pas, faire la route après et travailler comme les autres dans la journée, ça devient dur. Ça fait des longues journées ».

À 58 ans, trop fatigué, il prend la décision de partir en préretraite pour s'occuper de son père. Celui-ci décède un an plus tard et Roland se retrouve seul – « Ça fait un trou dans la vie », dit-il –, mais dans une certaine mesure plus libre. Il entreprend des travaux dans la maison, et se donne la possibilité d'un changement radical de vie. A-t-il eu des histoires amoureuses ? « Ah non, non. Je ne m'occupais pas trop de ça. Non. Je n'avais pas le temps. Le travail… Il n'y a que la Hollandaise qui m'a surpris, quoi. […] Quand j'ai commencé à la voir, j'étais obligé d'aller à pied à travers champs, à travers le maïs, parce que autrement la belle-sœur entendait la voiture quand je partais et rentrais. Parce que, si je rentre à quatre heures du matin, deux ou trois jours, ça va aller mal. J'allais à pied. Et puis je revenais à pied. J'allais au lit après ; elle allait au boulot. C'est parti comme ça ».

Dans les années 1960, le célibat est particulièrement fréquent dans le monde de la petite paysannerie. On le retrouve cependant aussi, à l'autre extrémité du monde social, chez Jules, ingénieur centralien dans l'industrie minière. Malgré cette distance, ces récits masculins présentent des points communs.

Jules est né dans les années 1930. Après avoir fait Centrale, il est engagé comme ingénieur au début des « Trente Glorieuses » dans une entreprise de chimie où il fera toute sa carrière. Il n'est alors pas marié et est logé par son entreprise, en pension complète. Il travaille beaucoup : quarante-huit heures par semaine avec des gardes le week-end. Toute son existence s'organise autour du travail et sa vie sociale est très réduite. Les opportunités de rencontres féminines sont d'autant moins nombreuses qu'il voit peu de monde en dehors du travail et qu'il s'interdit de « mélanger les genres » dans l'entreprise. Son investissement professionnel lui permet d'arriver à un point d'équilibre : « Quand j'étais jeune, beaucoup de choses me passionnaient. Et je me suis toujours – ça, c'est une question de caractère – méfié des passions. Toujours sur ma réserve. »

À partir des années 1975, après des rachats successifs, un changement de taille de l'entreprise, de nouvelles directions et l'imposition de nouveaux modes de « gouvernance », son rapport au travail se modifie. Les plans sociaux se multiplient. La gestion par âge met en concurrence les jeunes et les vieux. Les ingénieurs les plus jeunes, de moins de 40 ans, se voient confier de grosses responsabilités. Les plus âgés font, quant à eux, l'objet de fortes pressions (« il fallait tenir ou craquer »). Il voit partir des « bosseurs finis », qui ont sensiblement son âge et qui ont, sans doute autant que lui, beaucoup donné à l'entreprise. Et se comparant à eux, c'est son propre vieillissement qu'il voit s'accélérer. Quand on lui propose de partir en province pour faire du contrôle de gestion, il accepte à contrecœur et part, découragé, vivre un véritable exil dans l'est de la France. En 1988, il demande à partir dans le cadre d'un plan social. Après un premier refus, il fait une nouvelle demande qui sera acceptée. Il part l'année suivante. Sur fond de désillusion professionnelle, il devient disponible pour autre chose que le travail. C'est ainsi qu'il pourra rencontrer un peu tardivement, à 44 ans, une femme de 35 ans. Il se marie avec elle deux ans plus tard : « À ce moment-là, je me suis marié. C'est peut-être d'ailleurs [d'avoir quitté mon travail] qui m'a aidé à me marier. » Sa femme a une autre conception du travail, ce qui lui permet de se désinvestir professionnellement et de se recentrer sur la sphère privée : « Pour elle, il ne fallait pas se forcer, le travail s'était surtout fait pour pouvoir vivre. »

Ces récits donnent une grande place au travail, ce qui n'est guère étonnant s'agissant de récits masculins. Toutefois, rappelons qu'à partir des années 1970 celui-ci va aussi prendre une place importante dans les récits féminins. Toute la vie de Jules est ainsi organisée autour de l'entreprise. Elle présente tous les traits d'une institution totale[7], le prenant même complètement en charge en début de carrière, jusqu'à saturer son existence en l'organisant autour du travail.

Chez Roland, le calendrier qu'il expose articule tout autant travail et vie de famille mais met en exergue une logique de maisonnée (rester à la ferme avec son père) caractéristique du monde paysan, où vies privée, familiale et professionnelle même se confondent dans les mêmes lieux et dans l'organisation temporelle de l'existence. Lorsqu'il devient salarié, ses engagements familiaux demeurent. Dans un contexte de déclin, à force de trop d'investissement (auprès de son père, dans son travail), l'horizon temporel de Roland s'est réduit au jour le jour.

Dans ces deux situations, ce sont les faibles « fréquentations » des hommes qui définissent le célibat là où, dans d'autres récits, comme chez Boris, un partenaire peut être présent sans prendre figure de conjoint. Mais le célibat a aussi une dimension positive : celle de l'engagement dans le travail ou la maisonnée. Chez Jules comme chez Roland, le retard résulte bien davantage de circonstances, positives ou négatives, que d'un choix rationnel de ne pas s'installer, de ne pas avoir d'enfant ou de les avoir plus tard. Dans l'un ou l'autre cas, c'est par la force des choses que ces hommes se voient installés dans une situation de célibat. Pris par leurs engagements, ils ne voient pas le temps passer et ne sont jamais en mesure de « rencontrer quelqu'un ». Et cette lente installation dans la situation trouve sa confirmation dans l'image de vieux garçons ou de célibataires endurcis qui leur est renvoyée en miroir. Il faudra alors à chacun un changement de contexte – la crise de la valeur travail sur fond de plans sociaux pour Jules, la retraite puis le décès de son père pour Roland – pour que leur vie prenne une autre voie et qu'une rencontre devienne possible.

Cette bifurcation de leurs parcours se retrouve dans les récits qui distinguent bien deux moments : un *avant*, fait d'une vie réglée par le travail (auquel s'ajoute, pour Roland, un travail de *care*) et quelques rares à-côtés ; et un *après*, fait d'une période de vie en couple plus ou moins réduite pendant laquelle se pose très vite la question des enfants. C'est bien un changement brusque de contexte qui a rendu Roland et Jules disponibles à une rencontre inattendue et prêts à saisir cette opportunité.

La mise en famille ne renvoie pourtant pas aux mêmes logiques dans ces deux situations. Chez Jules, la question de l'engendrement est explicitement et rapidement posée par sa femme. Il y a urgence ; elle est âgée et approche d'une quarantaine que lui-même a déjà dépassée. Elle veut deux enfants. Jules ne trouve rien à redire ; l'événement procède d'une forme d'évidence. Il s'inscrit dans la continuité de la sortie du célibat. S'installer tard fait que l'on a ses enfants tard. Les termes ont aussi été clairement posés par sa femme : elle veut des enfants. Ils sont donc en quelque sorte une condition du couple. Jules acquiesce. Son récit n'est pas celui du désir, d'une demande ou d'une volonté forte d'avoir des enfants, mais plutôt d'un accord tacite qui tient sans doute aussi à une vision plutôt traditionnelle du couple, dont la destination est d'avoir des enfants. La dimension temporelle est également un cadre de contrainte d'autant plus fort qu'il est posé comme tel par sa femme : face au temps dont ils disposent, Jules n'a d'autre choix que d'accepter. Un premier enfant va naître : il a alors 48 ans et elle 39, puis un second, deux ans plus tard. Ils sont alors l'un et l'autre à une frontière symbolique : celle des 50 ans pour lui et des 40 ans pour elle. Dans cette situation, c'est une logique de rattrapage qui a prévalu.

Chez Roland, la question des enfants ne se présente pas avec la même clarté. L'événement que constitue la rencontre, dans les champs de maïs, d'un ouvrier paysan célibataire de 60 ans et d'une routarde hollandaise plus jeune de presque 30 ans est improbable[8]. L'installation des choses a été lente : « J'aurais jamais pensé à ça. Des fois, elle venait téléphoner là pour parler avec sa copine. J'avais jamais idée de ça, mais après... À force d'être toujours avec, et puis, on discutait... » Elle l'invite à manger, le pousse à faire des travaux dans la maison ; lui l'aide à différentes tâches (déplacer une clôture). Comme le dit Roland, « on a commencé à bien marcher ». Sous la surveillance constante de sa famille, il est contraint de se cacher pour rejoindre Esther la nuit jusqu'au petit matin. La question des enfants ne se pose pas. Roland considère d'ailleurs qu'elle revient exclusivement à Esther, dans une répartition assez classique des tâches. C'est une relation qui se vit au jour le jour, jusqu'au moment où une grossesse vient sceller leur relation. Esther tombe enceinte et veut garder l'enfant. Elle laisse une porte de sortie à Roland : s'il le veut, elle repart en Hollande accoucher, sans rien dire à personne : « Elle m'a dit : "Si tu veux que je reste là, on saura que c'est toi. Si je pars, personne n'en saura rien." J'ai dit : "Tu fais comme tu veux. Moi j'aime autant que tu restes là." Et puis c'est parti comme ça. » L'option d'un retour au célibat est clairement proposée à Roland. Il choisit d'assumer, pour garder Esther. La grossesse d'Esther se voit et Roland continue à venir manger chez elle : les choses se savent, sans réelle « présentation ». Esther l'annonce à sa famille en Hollande. Sa mère (plus jeune que Roland de six ans) est d'abord très distante et ne dit rien pour ne pas faire fuir Esther, puis se fait à l'idée surtout d'être grand-mère. Les choses évoluent ainsi, au quotidien, vers une forme de normalité.

Comme pour Jules, il n'y a pas de négociation chez Roland. Le cadre conjugal diffère sensiblement. Pour Jules, devenir père tardif est inhérent au mariage. Pour Roland, ne pas vouloir d'enfant c'est risquer de perdre Esther. Sous deux formes différentes, la question des enfants est ici attachée à celle du couple dont l'existence peut être mise en jeu. De ce point de vue, ces situations se rapprochent de celles où l'épreuve est plus marquée et où certaines femmes – pensons à Irène – ramènent les hommes à une forme de cohérence en mettant en jeu leur couple.

Le bon moment pour devenir père

Au contraire de Jules et Roland, pour qui la question des enfants rejoint celle du célibat, d'autres hommes sont confrontés au désir d'enfant de leur compagne dans le cadre d'une relation plus installée (sans être pour autant stable ou instituée). Cependant, à la différence des situations qui débouchent sur une épreuve (chapitre 3), la question des enfants est posée dans un moment de plus grande disponibilité. Les hommes sont alors amenés à s'engager en levant la part d'indétermination qu'ils voulaient conserver à la relation.

Le récit de Sylvain met en avant un investissement lourd dans le travail et un « papillonnage affectif » pour dessiner un calendrier et des circonstances laissant peu de place à la question des enfants. Quand elle survient finalement, cette question apparaît ainsi comme le parachèvement d'un lent processus de stabilisation, tant sur le plan conjugal, affectif que professionnel.

Sylvain est chercheur, arrivé depuis peu à une certaine stabilité professionnelle. De manière concomitante, sa vie relationnelle se fixe également. Après une longue période de papillonnage, puis de nomadisme, Sylvain s'installe avec sa compagne, au terme d'un processus d'éliminations successives : cette femme, dit-il, est sa « première longue fidélité ». L'installation est lente et, pourrait-on dire, presque prudente : ils font le choix d'abandonner le logement séparé puis les chambres séparées. Au début de leur relation, sa compagne était enceinte. Sylvain ne voulant pas garder l'enfant, elle a donc avorté. Mais trois ans plus tard, elle est de nouveau enceinte. La question est cette fois à l'ordre du jour, ils en parlaient depuis quelque temps : « Il y avait sans doute une envie, mais techniquement c'était une erreur », un accident. Ils concluent finalement qu'ils le veulent et décident d'assumer l'erreur technique. Elle a alors 39 ans. Sylvain a lui-même dépassé les 45. La question de l'âge, sans être centrale, est bien présente : « On se disait qu'il était temps par rapport à notre relation et à notre âge. » C'est le cadre conjugal qui permet ici de placer l'événement en perspective – de l'âge de chacun, du moment où il en est dans son histoire, de la place qu'y prend le couple – et d'assumer ce qui, en d'autres circonstances, serait resté une « erreur technique ».

Dans certains cas, le contexte est encore plus favorable à un engagement nouveau, par exemple chez Louis, confronté à la question d'avoir de nouveau des enfants dans un contexte de difficultés professionnelles. Dessinateur-géomètre à EDF et militant syndical actif, Louis a connu de fréquents déménagements et sa vie professionnelle a été faite de longs déplacements. Il a été marié une première fois et quatre enfants sont nés de cette première union. Une séparation survient, l'amenant à vivre seul. Passé la cinquantaine, il devient salarié de la librairie syndicale, poste qui lui convient parfaitement en regard de ses bonnes dispositions à l'égard de la culture et du savoir. Les choses changent et, à l'approche de la soixantaine, ne pouvant en rester salarié, il reprend la librairie en gérance. Il entre alors dans une période « d'investissement énorme en temps de travail ». Entretemps, une nouvelle union a eu lieu et il devient père d'une petite fille. La naissance est bien vécue et désirée. « C'est une décision bien partagée ; une volonté de ma compagne du moment, qui avait une fille. Il est logique qu'un foyer recomposé se traduise par une naissance. » Pendant près de deux ans, il va s'efforcer de rentrer plus tôt (« toujours avant que la petite ne soit couchée ») et d'être plus présent. Six ans plus tard, c'est la séparation. Sa fille a 6 ans et Louis en a 64 : il fait « le choix de se libérer » en prenant sa retraite – choix « volontaire », dit-il, mais qui s'inscrit dans le contexte du déclin de la librairie.

La participation de certains hommes à l'événement ne se passe pas toujours de manière aussi lisse. Un grand nombre de situations sont plus conflictuelles. C'est, par exemple, le cas de Boris, longtemps réticent à l'idée de devenir père à cause d'une expérience négative de quasi-beau-père. Il ne se fait à cette idée, là encore, qu'à la faveur d'une nouvelle mise en couple et de nouvelles opportunités professionnelles. Ces éléments vont l'amener à porter un jugement positif sur l'événement, en considérant que cette fois, « il est prêt ».

Le moment où la question des enfants se fait jour est donc crucial. Dans certaines situations, l'événement a caractère d'évidence (Jules et Roland) et s'impose comme une suite naturelle ou nécessaire de la mise en couple, sans que la tardiveté compte. Dans d'autres situations (Sylvain, Louis), le projet est plus immédiatement acquis : il s'inscrit dans le cadre d'une bifurcation professionnelle et conjugale. Dans d'autres situations encore (Boris, Irène), la question ne se pose pas au bon moment et le projet ne se constitue qu'au terme d'une épreuve individuelle et conjugale permettant la synchronisation des calendriers masculins et féminins.

C'est dans ces dernières situations que le travail biographique apparaît de la manière la plus évidente : les individus disent ne pas être prêts à engendrer en raison de leur histoire ou de l'évaluation qu'ils font de la qualité de la relation. Les négociations permettent alors d'inscrire l'événement en perspective de l'histoire affective, conjugale et professionnelle des individus et du couple, c'est-à-dire de le « biographiser ». Pour autant, la dimension de « biographisation » n'est pas absente du lexique employé par Sylvain, qui parle de « cristallisation », ou par Louis, qui parle de « projet », tous deux acceptant la parentalité tardive relativement facilement. Les histoires de Roland ou de Jules, on l'a vu, sont plus éloignées du modèle du projet[9]. Leur lexique n'est d'ailleurs pas celui du désir, du projet ou de la cristallisation. La dimension biographique y est pourtant présente mais sous une autre forme, moins réflexive : celle de la continuité naturelle ou nécessaire, ce qui les rapproche fortement des biographies de ces pères à demi convaincus que sont Ahmed ou Robert (chapitre 3).

Au centre de ce travail, plus ou moins explicite et réflexif, de « biographisation » se trouve la question de l'âge. Chez Jules, l'âge est un facteur d'accélération du calendrier. Pour Roland, cette question est présente, accompagnée de celles de l'écart d'âge et du jugement porté sur celui-ci par l'entourage (son cousin, sa belle-sœur, la mère d'Esther). Sylvain, lui, juge qu'« il est temps » de faire un enfant. Quant à Louis, il considère l'âge surtout sous l'angle des enjeux professionnels et doit attendre d'en être dégagé pour se déterminer et s'engager dans l'éducation de sa fille. Dans ces configurations, l'âge ne fait pas obstacle à la parentalité ; il en va bien sûr tout autrement dans les situations d'épreuve où il est alors fréquemment convoqué à titre d'argument. Certains hommes peuvent se dire trop vieux pour avoir un enfant. À l'inverse, certaines femmes vont opposer aux atermoiements de leur conjoint le risque qu'il soit bientôt trop tard et vont employer l'argument de la dernière chance. Chacun de ces arguments peut être relativisé ou mis en balance avec d'autres : la jeunesse relative (« tu n'es pas si vieux ») ou l'âge dans son époque (« aujourd'hui, 60 ans, ce n'est pas vieux ») peuvent être opposés à la mesure chronologique de l'âge (fixé par l'état civil). Les écarts d'âge au sein du couple peuvent aussi être minimisés en rappelant leur enjeu conjugal (« je le savais au départ »). Il s'opère ainsi, en miroir, un travail de l'âge le plus souvent par démarcation. L'argument de l'âge peut ainsi être retourné : d'abord posée pour être minorée (« tu n'es pas si vieux »), la question de l'âge peut être utilisée au cours de négociations délicates comme une forme de défi. Car tout refus d'avoir un enfant sur le tard expose à se reconnaître comme vieux (ce qui est pour le moins stigmatisant dans nos sociétés, où vieillir est bien souvent défini par l'absence de projet).

Avec l'âge, le moment où cette question surgit est un élément clé de la « biographisation » de l'événement. On l'a vu avec Sylvain pour qui la question apparaît à un moment où ses perspectives professionnelles « se cristallisent ». On doit cependant prendre en compte que 45 ans n'est pas un âge si avancé par rapport à d'autres pères tardifs que nous avons rencontrés et que, dans le milieu dans lequel il évolue, il n'est pas si âgé. Ce n'est pas le cas d'autres pères nettement plus âgés ou, pour certains, déjà presque trop vieux à 45 ans dans leur univers professionnel. Pour ceux-là, la question de la paternité se pose à un moment où ils rencontrent des difficultés, voire des désillusions, et éprouvent un sentiment de déclin professionnel. Cela peut être le cas de certains cadres face à la concurrence des plus jeunes. Ce vieillissement professionnel et les perspectives de carrière qui s'effilochent sont alors des éléments clés dans leur réflexion : un défi leur est lancé à un moment où ils ne se considèrent pas (encore) vieux. Les dernières réticences tombent, face à ce sentiment que l'heure est peut-être à de nouveaux engagements.

Une confirmation de la paternité par le soin

Pour certains pères, l'entrée dans la paternité tardive se fait souvent à un moment de plus grande disponibilité, ce qui leur permet de s'investir fortement et de découvrir, pour un certain nombre d'entre eux, un plaisir nouveau : celui du soin et de l'éducation qui va venir en confirmation de leur choix de devenir père.

Sylvain en est une illustration presque exemplaire. Son entrée dans la paternité tardive correspond à une phase de stabilisation, tant professionnelle que conjugale. Sa femme et lui décident d'assumer une erreur technique, et une période de découverte et d'expérimentation s'ouvre à lui (« J'avais une curiosité ; tiens, c'est ça un gynécologue, une échographie ! »). Sans être au premier plan, la question de l'âge est présente durant la grossesse de sa compagne. « Biologiquement, on s'est dit : il faut être sûr » : l'amniocentèse a été une épreuve douloureuse mais ils attendent les résultats sans hantise extrême. Les examens pré- et postnataux ne sont pas anodins mais ils renforcent l'assurance du couple lorsqu'ils se révèlent positifs. Au final, la grossesse est largement décrite par Sylvain à travers ses étapes médicalisées, en particulier les tests et les examens : « Faire des tests sans les surinvestir, hiérarchiser les problèmes, être curieux sans être impressionné » (c'est ici le « matheux » qui parle). Et puis, son réseau fait que l'encadrement médical est réalisé par des proches.

En revanche, quand il s'agit des questions d'éducation et de soin, le récit de Sylvain met l'accent sur sa posture de novice. Il n'a en effet aucune expérience et n'a jamais été impliqué dans l'exécution de gestes qui, pour lui, n'ont rien de naturel : reprenant le vocabulaire de sa profession, la chambre, le bain, le rôt, porter, etc., deviennent des « processus d'action ». Chaque nouvelle étape dans sa socialisation de père lui révèle l'étendue de son inexpérience et cette nécessité de devoir tout apprendre sur le tas. Il révèle également qu'il « n'a rien derrière lui », alors qu'il approche les 50 ans. Il compare son inexpérience à l'expérience de sa compagne et des autres pères de l'école : sa compagne est issue d'une famille de cinq enfants, « une famille bien française », où « les choses de la maternité sont dans le patrimoine », alors que Sylvain est issu d'une famille malthusienne, éclatée, et où il y a peu d'enfants.

Chez Sylvain, la stabilisation contribue à la redéfinition du champ des possibles et l'amène à envisager de devenir père. Mais celle-ci détermine tout autant son investissement éducatif : elle lui permet en effet d'« aménager des marges de manœuvre » pour intervenir à l'école et s'occuper plus largement de l'éducation parascolaire de sa fille. Entre une stabilisation professionnelle et conjugale, une conception incidente et une redéfinition de la hiérarchie des choses, il s'avère impossible de décider quelle serait *in fine* la cause ultime de sa décision. Ces facteurs s'articulent les uns aux autres et Sylvain finit par se voir devenir (et être), comme il le dit, un « bon père qui réussit bien à son enfant » et d'autant mieux que cela intervient « au milieu de sa vie adulte ». Si sa fille est « très dégourdie », c'est grâce à la grande qualité des « relations » existant entre père et fille, à son souci d'être autant que possible « attentif et inventif », à sa curiosité. Il y a dans les termes mêmes du récit de Sylvain, une dimension de création jusqu'alors inconnue de ce scientifique.

Pour Louis, c'est l'échec relatif de la librairie qu'il gère et son passage à la retraite qui le conduisent à un nouvel engagement. Celui-ci va lui permettre de régler de manière définitive la question de son désinvestissement professionnel. Louis va en effet s'impliquer fortement dans l'éducation de son enfant. Très vite, cet engagement se construit aussi en rupture avec ses précédentes expériences parentales. Il confie « redécouvrir des choses que, jeune père, il n'avait pas su vivre ». Du fait de la séparation avec sa compagne, les rôles auprès de leur fille sont rendus plus poreux. Il se dit « soucieux de préserver l'image du père », mais c'est pourtant celle de la mère qu'il invoque pour décrire ses nouveaux engagements (« faire comme une maman[10] »). Il met un point d'honneur à établir des relations privilégiées avec sa fille et à se rendre disponible lorsqu'il en a la garde. « L'intérêt d'un enfant tardif, c'est que l'on se rend compte que l'on a besoin d'être disponible ; il faut être une mère et l'on n'est pas forcément en capacité plus jeune. L'âge et la séparation font qu'il y a nécessité de présence et d'écoute », toutes qualités sans doute féminines à ses yeux. Cet engagement nouveau tranche avec ce qu'il avait consenti pour les enfants de sa première union. Alors qu'il était « plus exigeant » avec ceux-ci et leur demandait de « faire plus que ce que demandaient les profs », ce qui compte désormais c'est « une ambiance plus que le résultat ». S'il se déclare « à l'aise avec le regard des autres », le « poids à porter apparaît plus lourd » maintenant qu'il est retraité. Il a « peur de ne pouvoir assumer » : il y a une « réalité de la condition surtout vis-à-vis de la santé » (il a 69 ans et sa fille 11) mais « en dehors de la santé il n'y a pas de problème ».

Sylvain et Louis sont-ils des pères qui s'engagent parce qu'ils étaient de toute façon prêts à le devenir ? Tous les pères n'investissent pas autant qu'ils le disent l'éducation de leurs enfants, surtout lorsqu'ils étaient réticents à l'idée de la paternité avant l'arrivée de l'enfant. Mais il ne faut pas généraliser, nombre d'entre eux se révèlent au final investis et préoccupés de l'éducation de leurs enfants. Sans se contenter de céder, ils se sont convertis à l'idée. La « biographisation » donne sens à l'événement en l'inscrivant en rupture ou continuité de leur histoire. Jean s'est laissé convaincre mais ne veut pas connaître, avec son deuxième fils, « l'enfer » qu'il a vécu avec le premier. C'est aussi le cas de Bruno ou de Robert. Là encore, le contexte professionnel leur permet une plus grande disponibilité (ou même n'est plus une excuse pour ne pas pouvoir se libérer).

Au final, lorsque l'événement devient une réalité, assumer le choix et la responsabilité de la paternité devient une évidence qui s'impose à la plupart des hommes. Les plus réticents d'entre eux au départ s'engagent alors plus nettement lorsque les enfants sont là. L'entrée dans la paternité tardive correspond ainsi, pour un grand nombre d'hommes, à un ravisement, c'est-à-dire un dédit, mais aussi à une conversion, un changement de perspectives qui les amène à s'engager au point de souvent faire de ces enfants ravisés des enfants choyés.

C'est ce que l'on observe chez Pablo, artiste dans l'âme, qui ne se voyait pas avoir d'enfant. Il va pourtant être confronté à deux reprises aux grossesses inattendues de sa compagne. Deux fausses couches viennent sceller ces grossesses imprévues. Cependant elles remettent à l'ordre du jour une question sur laquelle le silence s'était fait dans le couple. Pablo se dit que sa position n'est pas tenable et se convertit à l'idée pour ne pas avoir à quitter sa femme. Plus positivement, il découvre à cette occasion combien cette décision pouvait la rendre heureuse. Un enfant naît, d'un père de 54 ans et d'une mère de 43 ans. Le récit de Pablo est à la hauteur du changement d'avis : « J'ai participé à toutes les séances de préparation. [...] Tous les soirs, je chantais en espagnol. [...] L'accouchement a été extraordinaire. [...] Tout de suite, je l'ai aimée », etc. Vingt ans plus tard, en allant habiter près de l'université, leur fille a pu se mettre un peu à distance de tout l'amour qu'il continue de lui exprimer chaque jour au téléphone mais Pablo tremble toujours autant lorsqu'elle lui ramène ses résultats, chaque semestre.

Le soin et l'éducation de leurs enfants font parfois prendre conscience à certains hommes qu'ils sont vraiment pères, ce qui, en retour, vient renforcer l'attachement conjugal. C'est ainsi, par « le faire famille », que le couple improbable de Roland et Esther s'est stabilisé, un peu à la surprise de tous. L'entourage de Roland le voyait en effet comme *le* « vieux garçon », ouvrier paysan pétri d'habitudes et condamné au célibat. L'entretien met en exergue la surprise d'Esther à voir Roland s'occuper et se préoccuper autant des enfants, ce qui fera de lui à la fois un conjoint et un père.

Au quotidien, Roland s'investit, profitant de sa disponibilité nouvelle : « Il y a beaucoup d'enfants qui ne voient jamais leur père. Le père travaille, il ne peut pas être là. Moi, je suis là tous les matins, tous les soirs, toute la journée avec eux. [...] Pour l'instant, je trouve cela agréable. Je ne regrette pas... Si j'avais été plus jeune, je n'aurais pas eu autant le temps pour m'en occuper non plus. » Il a ainsi pu trouver sa place, passant et réussissant un véritable test en compétence paternelle, contribuant en retour à l'équilibre conjugal. Esther l'atteste ainsi à sa manière. Alors qu'un jour elle part en vacances, seule, pour se reposer et se retrouver un peu, comme à cette époque de sa jeunesse où elle aimait beaucoup voyager, elle laisse les enfants à Roland. Elle raconte : « J'avais du souci parce que Patrick [leur second fils] est têtu. Quand il ne veut pas, il ne veut pas. Et Roland, quand ça doit être fait, ça doit être fait. C'est le même caractère. Ça aurait pu être dur mais ça s'est bien passé. Quand tu reviens, tu vois la différence entre avant et maintenant. Il y a une différence. Lui, il dit non, c'est le même. Mais quand je suis rentrée, Patrick, c'était tout le temps "papa, papa, papa". Il a trouvé un petit peu de place. Je pense que, pour nous tous, c'était bien car il a su vivre une semaine en prenant soin des enfants. »

La manière dont Roland (mais aussi Sylvain, Louis ou Boris) devient père montre la place prise par le « faire famille » dans la dynamique du couple contemporain. De l'attente du prince charmant à la rencontre, du « premier matin » à l'instauration d'une routine s'opère un ajustement des partenaires par la médiation des dispositions individuelles (le goût, la vision des choses) et des pratiques. Toutefois, la logique conjugale a aussi une temporalité. Au fil des gestes quotidiens s'opère ainsi une socialisation mais aussi une mise à l'épreuve jour après jour de la valeur de l'autre, en tant que conjoint et parent. Cela transparaît nettement dans le discours d'Esther, pour qui Roland, en devenant un père attentif, a aussi renforcé son statut de conjoint en lui permettant d'être elle-même. Contrairement à ce qu'auraient pu laisser penser son âge et son origine sociale, loin de la figure du vieil ouvrier paysan, les manières de faire de Roland participent d'une définition moderniste du couple et de la famille, où chacun est libre ensemble[11].

Pour autant, les situations ne sont pas toujours aussi idéales et l'engagement répond à un ensemble de conditions. Certains pères, un peu moins âgés, ne sont pas en position de pouvoir désinvestir la scène professionnelle. Les enjeux s'expriment alors pour eux, comme pour les femmes, davantage en termes de choix, de priorités et parfois de sacrifice.

Du fait de son entrée tardive en paternité, le mari de Sylvie va quelque peu désinvestir son activité professionnelle et renoncer à faire carrière, ce qui n'est pas sans le fragiliser. Voici ce qu'en dit Sylvie : « Pour lui, c'était une condition *sine qua non*, il était hors de question d'être par monts et par vaux. Donc il a sacrifié complètement le côté professionnel, pour s'investir totalement, ce qui pose beaucoup de problèmes. Maintenant, ça se calme mais il a eu des grosses angoisses à chaque fois. Il a changé deux ou trois fois de boulot depuis que je le connais. Et, à chaque fois, c'est un redémarrage. On a eu les enfants tard. Il se sent très responsable. Il faut les mener encore jusqu'à je ne sais pas quel âge.

Et moi qui n'assume rien… Il ne peut pas se dire "si je suis au chômage, elle va rebosser et gagner des mille et des cents". Moi je ne vaux plus rien. […] Il adorait son boulot. Il était un jour à New York, un jour ailleurs. Il faisait de vrais séjours. Il aimait beaucoup, il parlait des langues. Il adore voyager. Et il a été obligé de renoncer parce qu'il voulait être avec moi, il voulait être avec ses enfants. Maintenant il bosse. Il est de nouveau dans quelque chose d'assez sympa mais il n'a aucune ambition. Tout ce qu'il veut c'est pouvoir assumer financièrement et être là. »

Cet engagement, *a priori* positif, de vouloir rester auprès de ses enfants s'opère dans un contexte aujourd'hui plus difficile pour les cadres lorsqu'ils vieillissent et arrivent à la cinquantaine. « Il touchait un peu le fond mais ça a toujours été occasionné par le côté professionnel. On a vraiment été une génération privilégiée parce que tout le monde a eu du boulot comme il voulait. On a eu la vie facile, sur le plan des voyages et tout ça. On a été une génération hyper gâtée. N'empêche qu'à la cinquantaine, on a plein d'amis qui ont eu des problèmes. » Pour ce couple, la naissance de la petite dernière est aussi une manière d'occulter, de ne pas voir ce déclin de la carrière et de retrouver une forme d'insouciance.

Pour les femmes, la problématique est encore plus complexe du fait d'une plus grande variation du rapport au travail mais aussi à la parentalité et à l'âge. Les mères tardives sont en moyenne plus jeunes que les pères. Et le cap des 40 ans, pour être un cap difficile, n'est pas encore un cap de fin de carrière et de reconversion possible. Plusieurs d'entre elles ont ainsi été amenées à une forme de renoncement professionnel pour élever leur enfant. C'est par exemple le cas d'Irène, qui n'hésite pas à abandonner un travail de psychologue très prenant. Alors que la première partie de son récit est très tournée sur son investissement dans la sphère professionnelle, avec une énergie qui permet de travailler la nuit pour aller en cours le jour, tout en élevant ses deux premiers garçons, la deuxième partie est centrée sur la famille. Elle y décrit sa pleine disponibilité pour sa fille et son mari. Le basculement du récit correspond à l'arrivée de la petite dernière car, comme ne cesse de le répéter Irène, « on n'a pas un enfant à 40 ans pour ne pas s'en occuper pleinement ».

Pour d'autres femmes, l'investissement familial vient équilibrer les problèmes professionnels. Nous avons rencontré deux d'entre elles, licenciées au moment même où est arrivé leur enfant adoptif. Après un parcours atypique mais jamais éloigné de l'université, Marguerite entre à 38 ans dans le monde de la publicité. Commerciale, elle y reste plus de six ans. Son mari est stérile, elle ne supporte pas la procédure de la procréation médicalement assistée. Ils décident d'adopter. Deux enfants arrivent dans sa vie quand elle a 42 et 46 ans. C'est au retour de son premier congé maternité qu'elle est licenciée. S'ensuivent six années de recherche, sans baisser les bras. « Les enfants étaient à la crèche et à l'école. Je les avais laissés à la crèche parce que autrement je ne pouvais pas chercher de travail ! Et c'est un vrai scandale : si vous êtes au chômage, ils ne vous déduisent pas les frais de crèche sur la feuille d'impôt. J'ai demandé pourquoi. On m'a dit "quand vous êtes au chômage, vous n'avez pas le droit de mettre votre enfant à la crèche, vous pouvez le garder !" J'ai dit "vous me voyez avec mon nourrisson aller chercher du travail ?!" […] Donc c'est aberrant, c'est une atteinte à la liberté de recherche du travail. Ils m'ont dit "si vous n'êtes pas contente, faites une requête administrative, etc.", je ne l'ai pas fait. J'ai même caché à la crèche que j'étais au chômage parce que sinon, ils me foutaient dehors. Ça plombe complètement une recherche d'emploi ! Vous ne pouvez pas rechercher un emploi avec un bébé à plein temps ! »

Si cette situation n'a jamais été acceptée par Marguerite, qui a cherché du travail assidûment et sans trop se désespérer, jusqu'à ce qu'elle trouve un emploi à mi-temps, Valérie s'est quant à elle fait une raison. Dès son licenciement, elle a tout sacrifié pour ses deux enfants adoptifs. « Franchement je m'en suis bien occupée, je m'en suis occupée tout le temps. Et là je continue, mes enfants sont les rares enfants qui ne mangent pas à la cantine. J'ai le temps, donc c'est vraiment une famille solide, des liens solides, on s'entend bien tous les trois, on fait plein de trucs. Adoptions réussies [elle rit]. Ils ont 17 mois d'écart. L'intégration à la maternelle s'est très bien faite. Y a rien à dire [...]. J'avais le temps, j'avais plus de disponibilité pour l'école, pour accompagner les classes, pour créer la bibliothèque, accompagner dans les expos. » Valérie apprend à son fils à lire avant le CP et fait ensuite le forcing pour le passage en CE1. « Ça a mis six mois. Il est passé après les vacances de février parce que, là, j'ai fait du chantage. On a profité de l'absence de la directrice. [...] J'ai dit à la nouvelle instit : "Je vous préviens, si à la rentrée il n'est pas en CE1 je le garde à la maison, je ferai la classe moi-même", il s'emmerdait, et voilà il est passé, et il est en tête de classe. » Tout dans l'entretien montre qu'elle a renoncé à une partie de sa vie professionnelle, en se recentrant sur ses enfants, misant, semble-t-il, sur leur réussite scolaire... Cette explication n'est satisfaisante qu'au regard de l'ordre des priorités de Valérie qui, depuis un très grave accident de voiture quand elle avait 26 ans, ne considère plus le travail comme l'élément primordial d'une vie. Là encore, cela montre la place prise par la biographie des individus dans la parentalité contemporaine, et dans la valeur que celle-ci prend à leurs yeux.

La situation de Valérie est, à bien des égards, exceptionnelle et diffère de beaucoup d'autres. Mais le point commun entre toutes ces femmes est ce sentiment partagé qu'il faut se rendre disponible, comme si faire famille sur le tard impliquait pour elles de vivre plus intensément cet événement de la dernière chance.

C'est par exemple le cas de Sylvie qui, n'ayant ni relation stable ni enfant à 41 ans, estime qu'elle « a tout raté ». Il devient évident pour elle que l'adoption peut être une solution, faute de mieux. Sa conversion résulte d'un arbitrage délicat. En effet, Sylvie est déchirée entre une représentation de la parentalité très empreinte de religiosité qui visiblement la freine (un enfant se conçoit par un homme et une femme) et le vide existentiel qu'implique le fait de ne pas avoir d'enfant : « Je ne pouvais pas imaginer que ma vie allait continuer comme ça, à ronronner dans le vide, sans futur. » Elle commence alors à « touiller son projet », comme elle dit, en parle autour d'elle, à ses amants du moment, à ses parents et surtout à son réseau catholique. Sa tante, nonne, lui ouvre l'accès aux missions catholiques, en particulier en Roumanie[12]. Mais les démarches sont longues et la période est difficile pour elle. Assumant mal d'adopter seule, elle retarde la constitution du dossier auprès de la Ddass, jusqu'en 1987. Elle est d'ailleurs « doublée » dans son projet par une de ses sœurs, mariée, qui adopte un enfant au Brésil. À la veille des années 1990, la Roumanie, en grande instabilité politique, se ferme à l'adoption. « On m'a dit qu'on pouvait adopter sous le manteau, en payant des gens. Mais je n'ai pas pu. Je me suis dit je ne peux pas, y a déjà pas d'homme dans mon histoire, si en plus je contourne la loi, ce n'est pas possible. Et je me disais pour l'enfant ça va être terrible. Déjà il n'aura pas de père et, en plus, il va être dans l'illégalité. Donc ce n'est pas possible. » Elle se rabat sur la même filière que sa sœur, par l'intermédiaire d'une avocate, pour adopter au Brésil. Cela prendra du temps et sa demande n'aboutira finalement qu'en 1992, à 48 ans.

À mesure qu'elle vieillit et que se multiplient les obstacles, elle ne reçoit que peu d'encouragements de la part de ses amis et (surtout) de sa mère (de son point de vue, adopter seule et âgée était de « la folie »). Elle trouve plus de soutien lorsque son enfant arrive à la maison, mais admet que ça n'a pas toujours été facile. Toutefois, elle n'a jamais voulu vivre cette arrivée et ce chamboulement dans sa vie comme un désinvestissement professionnel. Elle avoue en revanche que sa vie affective a complètement changé depuis, dans la mesure où l'on peut considérer son récit comme une succession d'histoires passionnelles, parfois difficiles, qui, une fois sa fille venue, n'ont plus d'espace possible. S'empêchant d'amener des hommes à la maison, elle s'est retrouvée dans l'impossibilité de reconstruire d'autres histoires.

Elle s'investit beaucoup dans l'éducation de sa fille et décrit assez bien les décalages qu'elle a pu ressentir au contact des parents des amis de sa fille. Elle parle souvent d'un saut de génération. Son enfant lui reproche actuellement beaucoup son âge. Elle en a honte et ne veut pas qu'on la voie avec sa mère. Face à cela, Sylvie reste assez sereine. Elle constate que son expérience lui permet d'avoir une certaine distance dans sa manière d'être avec sa fille : elle n'est pas du tout dans l'hyperprotection, contrairement aux jeunes parents, dit-elle. Elle a toutefois tenté d'anticiper sa possible disparition en demandant clairement à sa famille ce qu'elle ferait pour son enfant dans cette éventualité, et en choisissant un parrain laïc, père de substitution symbolique et matériel.

Beaucoup de mères et de pères tardifs partagent la même préoccupation concernant leur capacité à tenir, à suivre et assumer, et même à être au goût du jour. À mesure que le couple et la famille se sont transformés, l'éducation a changé de finalité et de moyens. L'autonomie et l'épanouissement en sont devenus des principes essentiels, sans diminuer la concurrence scolaire et, avec elle, le poids donné aux diplômes et à la réussite. Une éducation réussie emprunte à la fois à l'école et aux activités périscolaires et, de manière plus large, à tout ce qui se déploie autour. Suivre l'école – et donc s'investir dans celle-ci, ne seraitce qu'au travers des réunions –, assurer l'intégration de son enfant dans les réseaux de pairs (constitués d'enfants de même âge), lui permettre de faire des activités sportives, culturelles et artistiques : l'emploi du temps d'un parent est vite rempli de contraintes auxquelles il faut, dans l'intérêt de l'enfant, s'obliger. Ce modèle éducatif se situe à un haut niveau d'exigence : il faut consentir à cet engagement éducatif important sans jamais être sûr d'en faire suffisamment. Généralement, les parents tardifs s'obligent à faire beaucoup, et parfois plus qu'ils ne l'ont fait pour leurs premiers enfants, tout en soulignant leur fatigue et leurs difficultés à suivre.

On voit ici toute l'ambiguïté de l'âge en ce qui les concerne. Il est incontestablement un *marqueur positif* (c'est-à-dire un moyen de qualifier positivement sa manière d'être devenu et d'être parent), car il donne un sens à l'événement au regard du déroulé d'une biographie : des expériences que l'on a pu faire, des histoires affectives que l'on a eues et des choix professionnels que l'on a faits.

Pour autant, l'âge reste parallèlement un *marqueur négatif* : il signale une différence avec les autres parents (beaucoup de pères sont pris pour les grands-pères) et constitue un désavantage possible pour les enfants si l'on ne peut plus suivre. La pression de l'âge n'a donc pas disparu. Elle se complique même encore avec l'élévation des exigences que l'on doit désormais affronter en tant que parent.

Les limites de l'engagement

Du fait du sens courant de l'écart d'âge, les pères sont souvent plus âgés que les mères, ce qui les amène à évoquer plus souvent la question de leur vieillesse relative. De fait, celle-ci n'est pas malgré tout sans poser question, surtout lorsque les enfants grandissent et que la comparaison est possible avec les autres parents. Généralement, la réaction des parents consiste à neutraliser le questionnement par un « c'est comme ça », qui n'interdit pas ensuite d'en expliquer les raisons et de remettre les choses en perspective.

C'est, par exemple, le cas de Micheline enjoignant à sa fille, qui a honte de l'âge de sa maman, d'en prendre son parti. D'autres parents tardifs pris pour des grands-parents, à l'école ou chez les commerçants, disent s'en amuser. Beaucoup affirment d'ailleurs qu'ils ne voient pas l'âge qu'ils ont, ou plus exactement qu'elles ont, car ce sont le plus souvent les femmes qui renient ainsi leur âge. Et pour les avoir rencontrées, nous pouvons confirmer que la plupart de ces personnes ne semblaient effectivement pas avoir l'âge qu'elles avaient.

Tout en essayant de se démarquer par rapport à l'âge chronologique, ces parents opèrent un travail important de mobilisation d'eux-mêmes, que ce soit pour soigner les apparences ou parfaire leurs pratiques éducatives. Il s'agit pour eux à la fois de relativiser leur âge et de montrer qu'ils n'ont pas l'âge qu'ils ont. Beaucoup de récits soulignent ainsi les efforts permanents de ces parents pour être à niveau, sans rien céder sur le plan éducatif.

La meilleure illustration est sans doute celle de Maurice, qui avait près de 75 ans à la naissance de son premier enfant et s'est beaucoup investi dans l'éducation de son fils. Mais malgré tout, l'âge (très élevé) reste là, et au moment de l'entretien il n'avait pas encore réussi à dire son âge exact à son fils, se rajeunissant de plus de dix ans.

Artiste, chanteur, puis gérant d'un cabaret connu à la grande époque à Paris, Maurice a longtemps été marié avec une comédienne qui s'est arrêtée de travailler à leur mariage. Ils n'ont jamais souhaité d'enfants. Petit à petit, il s'investit dans la pédagogie, en devenant responsable de formation dans une association. Sa femme meurt alors qu'il atteint 70 ans. Trois ans plus tard, alors qu'il n'arrive pas à prendre sa retraite, il a une aventure avec sa secrétaire. Elle tombe enceinte, « par accident », à 33 ans. Maurice voudrait qu'elle avorte mais elle souhaite garder l'enfant, craignant de ne pas en avoir par la suite. Maurice se retrouve père à 74 ans. Ils se marient finalement deux ans après la naissance de leur fils. Maurice se voyait « vieillir en voyageant, en se perdant dans le monde », et il se retrouve à s'occuper de son fils. Il hésite dans son récit : son fils l'a-t-il sauvé ? « C'est extrêmement prenant, je veux dire par là qu'il faut leur parler, les voir, sortir avec eux, jouer au football, au tennis ou... C'est pénible. Il faut nager, il faut marcher. Ça m'a obligé à redevenir jeune, à faire des trucs de jeunes, que je n'aurais pas faits autrement. »

À partir du moment où son fils est là, il tient à son engagement : « J'ai eu mon gosse à 74 ans, et c'est à cause de ça que je me suis marié après [à 77 ans], pour les protéger. Au début, je n'étais pas d'accord. Mais quand je l'ai eu, je n'ai pas voulu être absent. J'ai voulu qu'il me connaisse, que je le connaisse, d'autant que je savais que je pouvais mourir six mois après. Et ça, c'était un problème pour moi. Moi, je n'ai pas de souvenirs de mon enfance, avant 7-8 ans. Je me suis dit "je ne vivrai pas assez pour qu'il se souvienne de moi". »

Maurice parle beaucoup de pédagogie au niveau théorique mais admet qu'il a connu d'énormes difficultés pratiques dans l'éducation de son fils pour mettre en place ses idées. S'il s'oblige à faire du sport, il se réserve surtout pour la dimension culturelle de son éducation. Il décrit ainsi dans cet entretien ce à quoi un père de 83 ans s'oblige pour son enfant de 8 ans. En quelque sorte, c'est une obligation de résister au vieillissement : « Je me suis aperçu que vieillir, c'est abandonner petit à petit certaines facultés. [...] Quand on vieillit, on laisse tomber certains trucs. Je ne danse plus, j'adorais danser. Bon, je ne danse plus parce que ça m'essouffle, mais si pour mon gosse il avait fallu que je danse, j'aurais dansé. Comme là, je marche parce qu'il le faut et ça m'oblige à un effort physique qui est salutaire pour moi. »

La musique, le sport, l'école sont autant de lieux fortement investis par les parents. Et c'est parfois par le détail que ces parents tardifs – surtout les pères d'ailleurs – marquent leur différence présumée en matière éducative par rapport aux autres.

Lorsqu'ils se marient, Jules et Juliette forment un couple en limite d'âge pour avoir des enfants. Lorsque le premier survient trois ans plus tard, ils ont respectivement 48 et 39 ans. Un second suit, au passage de la frontière, symbolique pour les deux sexes, de la cinquantaine et de la quarantaine. Dans cette situation, c'est une logique de rattrapage qui a prévalu en regard de leur âge à tous deux. Cette paternité correspond pour Jules à une rupture professionnelle. Il désinvestit le travail et accepte à 57 ans un départ en préretraite. Initialement, il n'avait pas d'idée particulière sur la question des enfants ; c'est sa femme qui va l'y amener. Il va investir à sa manière l'éducation de ses filles qui se retrouvent à une dizaine d'années avec un père à la retraite. Reconnaissant qu'il n'est ni jeune ni sportif, c'est sous l'angle de la stabilité des valeurs et des repères que Jules définit son rôle : ni chewing-gum ni télé, mais la plus grande disponibilité possible.

Cette mobilisation de soi n'est pas seulement morale, elle ne résulte pas uniquement d'un effet de la volonté, mais aussi des demandes de leurs enfants de faire des activités de leur âge. Elle tient également au fait de côtoyer des parents plus jeunes, ce qui incite ces parents tardifs à maintenir des niveaux d'activités comparables.

Si, dans les faits, l'âge devient bien souvent secondaire en regard de l'intérêt commun pour le bien-être des enfants, le discours de ces parents est tout de même souvent ambivalent. L'âge de l'entrée dans la parentalité tardive est parfois ressenti comme une chose avec laquelle il faut composer, parfois comme une incitation positive à résister au vieillissement. Peut-être d'ailleurs les choses varient-elles au fil du temps ? Il faut se garder d'une vision univoque, qu'elle soit optimiste ou pessimiste. Malgré tout, la question de la fatigue revient souvent dans les entretiens. Il n'est guère surprenant de constater qu'elle est très fréquemment évoquée par les femmes, car elles sont plus soumises que les hommes au travail quotidien qu'implique un enfant, et ce, malgré un investissement indéniable des pères que nous avons rencontrés.

Certaines femmes disent bien sûr n'avoir pas ressenti d'épuisement. Pourtant, les entretiens laissent transparaître l'importance du travail qu'il faut consentir et la charge qu'il peut par moments représenter. C'est, par exemple, le cas de Sylvie dont l'entretien particulièrement enjoué n'est pourtant pas non plus sans quelques bémols : « J'avais eu des échos de gens qui trouvaient qu'avoir des enfants tard c'était fatigant. Je m'en aperçois maintenant. Je ne sais pas si j'ai toujours envie d'aller sur les Champs-Élysées chercher ceci, ou d'aller aux soldes de Décathlon à la première heure. On était à Center Parcs le week-end dernier, je n'avais pas trop envie de faire trois fois le grand toboggan, je l'ai fait une fois pour [l'aînée]. Il y a des gamins, des ados, dans un tournant, qui m'ont dit "vous l'ancienne". Heureusement, les enfants n'étaient pas là. Il faut faire comme si maman était encore jeune. [L'aînée] m'a dit "maman, tu devrais quand même te faire une petite teinture". Bon, en même temps je suis allée au collège il n'y a pas six mois et j'avais mis la tenue qui pouvait leur plaire, donc ils étaient fiers. [...] Je déteste aussi quand mon frère, qui a juste quatre ans de plus que moi, dit à ses neveux "écoutez, je suis trop vieux". Ils savent très bien que je ne suis pas si éloignée. »

Même Valérie, qui dit avoir tout sacrifié à ses enfants, admet que son investissement est source de grande fatigue. Il faut tenir malgré la baisse d'énergie et avoir le punch surtout lorsque les enfants sont ados. Les choses se compliquent encore lorsque, comme dans son cas, la mère est célibataire : personne alors pour « prendre le relais », il faut « être sur le pont tout le temps ». L'interdiction d'avoir des problèmes de santé suppose aussi une grande vigilance. Chez ces parents tardifs, la fatigue est pour une part à la hauteur d'un modèle éducatif devenu exigeant. Ils sont en quelque sorte fatigués comme tous les parents, mais la fatigue de l'âge interroge leur investissement comme s'ils avaient failli à quelque chose. C'est ce qui fait que ces parents ont souvent l'impression de ne pas consacrer tout le temps et toute l'attention qu'il faudrait à leurs enfants.

Manifestement, la fatigue n'est pas ressentie de la même façon selon les circonstances. Elle est d'abord liée aux conditions d'existence, et tous les parents tardifs que nous avons rencontrés ne sont pas cadres, même dans les dernières générations. La question du revenu intervient, mais pas de manière mécanique, puisque certains parents (des mères le plus souvent) ont arrêté toute activité pour élever leurs enfants. Les circonstances de la venue de ces enfants tardifs ont aussi des incidences sur le poids ressenti de la fatigue. Certaines mères tardives se retrouvent seules avec leur(s) enfant(s) – comme Valérie –, ce qui leur impose une charge de travail encore plus lourde. D'autres parents tardifs, ceux qui y sont venus à reculons, après avoir longuement résisté à la pression de leur conjoint(e), ressentent parfois cette charge qui leur a été imposée comme un fardeau.

C'est par exemple le cas de Myriam, qui est secrétaire en intérim avec des conditions de travail et surtout de transport assez difficiles. Pour faire taire l'insistance de son mari, elle lui avait donné deux mois pour qu'un enfant arrive. Elle tombe enceinte, le regrette vivement et a dès lors beaucoup de mal à supporter le peu de soutien et d'investissement de son mari. Au fur et à mesure de l'entretien, beaucoup de ressentiment remonte, surtout lorsque la question du soutien moral de son entourage et de la famille est posée : « Ils m'ont tous dit : "Bon courage." Lorsque j'ai annoncé à ma mère et à mon père, puisque mon père était encore en vie, que j'étais enceinte, maman m'a dit : "Je ne comprends pas pourquoi ce deuxième enfant, puisque tu en as une, et puis surtout à ton âge. Je n'ai pas de conseil à te donner. Mais je te souhaite quand même bon courage, parce que ce ne sera pas facile." Je peux vous assurer que, quand j'ai tourné les talons, j'avais les larmes aux yeux. »

Pour faire tomber ses réticences, son mari lui avait pourtant promis de l'aider. Ce qu'il fait mais en se réservant la meilleure part. « Ce que je lui reproche, c'est que lui a le bon côté des choses. Il n'est pas là de la journée. Quand il arrive le soir, vous savez, les enfants, c'est toujours le bon côté des choses vis-à-vis du père. Le père récolte toujours [...] les bisous, les câlins. Moi, je suis un petit peu le gendarme. Moi, c'est laver les dents, faire les devoirs, tout le mauvais rôle en fait. » Au fil du temps, même avec l'autonomie grandissante des enfants, la fatigue de Myriam ne diminue pas, à l'inverse de sa patience envers sa cadette. Tout au long de son récit, on perçoit une forme de déception par rapport à son mari (qu'elle juge égoïste) mais aussi vis-à-vis d'elle-même qui n'a pas su faire valoir son avis de femme.

Tenir malgré la fatigue. Oui, mais tenir pour quoi ? Prenons comme conclusion provisoire le récit désillusionné de Solange, qui replace en perspective de sa vie de militante active une fatigue moins physique que morale ressentie en élevant ses enfants. Elle évoque même l'échec éducatif de n'avoir pas tout à fait réussi à transmettre à ses enfants sa force d'engagement. Elle nous montre ainsi les limites de l'engendrement par projet couplé à une bonne volonté éducative. L'engagement des individus expose à de fortes déceptions lorsque l'on s'aperçoit que l'on n'a pas réussi à faire de ses enfants ce que l'on aurait voulu qu'ils soient, oubliant que chacun est le produit de son époque et que, en un sens, les parents n'interviennent que pour une part dans l'éducation, à côté de l'école, des pairs et de « l'air du temps ». Cette désillusion n'est pas propre aux parents tardifs. Elle ne caractérise pas toutes les situations de parentalité tardive, mais semble appropriée à la trajectoire de Solange. La désillusion qu'elle dit éprouver n'a de sens qu'en regard d'un déclassement social (elle est fille de paysans) qui la rend sensible à la réussite scolaire – et ce, d'autant plus qu'elle est elle-même enseignante. En vieillissant, alors qu'elle avait encore ses enfants à charge, elle a ressenti cette déconvenue, ce qui n'a sans doute pas aidé à en réduire le poids.

Solange est née peu avant les années 1950 dans une famille de petits agriculteurs bretons. Benjamine de quatre enfants, elle a une trajectoire atypique pour une fille de paysans et est d'ailleurs la seule de sa famille élargie à faire des études longues à l'université, bien que « plutôt moyenne » selon elle. Sa trajectoire l'éloigne de sa famille. Après un bac philo, elle entreprend des études supérieures à l'Institut catholique. Avec 1968 s'ouvre une période de grande instabilité relationnelle et universitaire. Elle part à Aix-en-Provence où elle enchaîne cours et enseignements. Elle « se débrouille » en empruntant beaucoup, intellectuellement, aux différents univers qu'elle fréquente (maoïstes, communistes, lacaniens). Son profil est de fait assez proche de celui de l'autodidacte. Elle retourne en Bretagne dans le milieu des années 1970 et obtient « par hasard » un poste, dans la vague d'intégration à l'Éducation nationale des hors-statut.

Elle décrit sa vie amoureuse de l'époque comme une période « Spontex » faite de relations ponctuelles, de « bouts d'histoires », dont une se concluant à Aix par un avortement. Elle « répète » beaucoup dans ses relations amoureuses, jusqu'au début des années 1980 où elle « ne répète plus » et rencontre un homme qui a deux enfants d'une précédente union. Ils se marient et ont un fils peu de temps après. Elle voudrait bien avoir un autre enfant rapidement mais elle doit avoir besoin pour y aller d'« une affirmation forte ». Son mari moins partant qu'elle ne la lui donne pas. Le second ne viendra ainsi que sept ans après, l'année où Solange a 40 ans.

En regard de la première partie de son récit, la seconde partie fait apparaître une sorte de lente désillusion, comme si la militante baissait les bras face à l'ampleur de la tâche à accomplir. Les relations avec les enfants de son mari restent mitigées : en

« bonne fille de paysan » et enseignante, elle les voit comme « des parasites, jouant la bohème artiste » sans faire l'effort de « passer la barre » des examens à l'université.

Le récit de Solange est celui de désillusions successives liées à une transmission en panne. Et c'est cette sorte de constat d'échec qui l'amène aujourd'hui à « composer avec elle-même » là où, auparavant, elle serait « allée à l'affrontement ». Elle dit ainsi avoir abdiqué son militantisme, en particulier féministe (« il y a des luttes que je ne veux plus mener »), considérant la tâche désormais trop grande et le moment dépassé. Elle regrette beaucoup de ne pas avoir su transmettre à ses enfants les valeurs qu'elle portait : « C'est un échec éducatif. J'aurais eu envie d'avoir des enfants militants, sur le modèle de ce sur quoi je m'étais inscrite en 68. Voilà ce qui m'aurait plu. Et là, tu es dans les décalages entre ce qui t'aurait plu chez tes enfants et la réalité qui est que tu dois t'emmerder avec des histoires de barrettes, des histoires de cuites ou même des histoires de jouer aux artistes. J'aurais autant aimé les voir se battre sur d'autres terrains. » Ce défaut de transmission et l'absence de reconnaissance, notamment de ses beaux-fils, viennent renforcer l'image de « parasites » qu'elle a d'eux. Quant à ses propres enfants, ils sont encore trop jeunes (non installés) pour lui donner en retour.

C'est en regard de ce décalage que la parentalité tardive de Solange prend un sens plutôt négatif. Elle attend avec impatience le moment où elle n'aura plus cette charge et verra le bout du tunnel : avoir un enfant sur le tard, « ça prolonge la durée où tu dois t'occuper de tes mômes, d'autant plus qu'il faut t'en occuper longtemps [...]. Tu ne peux t'en apercevoir que par différentiels avec d'autres collègues qui, au même âge, n'ont plus ces problèmes-là parce que leurs gamins vivent leur vie [...]. Je me dis que je n'ai vraiment pas le courage de devoir me coltiner tout ça ».

Le récit de son expérience difficile est alimenté par les recherches que Solange et ses collègues universitaires ont menées sur les fins de carrière. Elle y retrouve des points communs avec sa propre histoire, ce qui lui permet de généraliser son propos. « Dans cette grosse enquête, on avait des gens de fin de carrière et de début de retraite qui imaginaient un temps pour soi. Et ceux qui n'arrivaient pas à imaginer ce temps pour soi, c'est ceux qui avaient toujours des enfants sur les bras. C'est vrai pour les hommes aussi [...]. En tout cas, je vis un tout petit peu dans ce truc-là et le fait de ne pas être déchargée des trentenaires accroît la charge que représentent les plus jeunes. »

Un « temps pour soi » qui manque : c'est bien du côté de ce qui peut se construire avec ses enfants, plus que du côté de l'âge (Solange n'est pas la mère la plus âgée de notre population), et dans son rapport à la biographie que se détermine l'engagement dans une parentalité tardive. Le sentiment d'échec de la transmission renvoie ici clairement à la biographie : à l'impossibilité d'établir un lien entre son histoire et l'enjeu de tenir, malgré tout, car cela vaudrait le coup. Lorsque l'on n'est pas payé en retour, que la reconnaissance est inexistante, la tentation est grande de « laisser tomber » et de se désengager. C'est peut-être pour cette raison que son récit évoque irrésistiblement la figure de la *Vieille dame indigne* qui, dans le film de René Allio (1965), trouve d'autres attachements que ceux de sa famille juste après son veuvage[13]. « Dans la sphère privée ou la sphère publique, j'ai l'impression d'être porteuse de beaucoup de choses. Souvent, je me dis que je porte dix fois trop de choses, que ce soit au niveau du boulot ou de la maison... Et à tous ces gens-là, j'ai envie de leur dire : "Basta ! bye-bye ! je me tire ! Barrez-vous ou moi je me tire !" »

Conclusion
Un phénomène dans son époque

« Mères sur le tard ». Ce vocable s'est aujourd'hui largement imposé dans les médias pour décrire le problème de société des maternités tardives. Parfois posées comme un « acte contre nature » venant interroger l'éthique médicale et la morale ordinaire, les maternités tardives peuvent aussi renvoyer à une lecture plus sociologique en termes de transformations sociales (affaiblissement des normes et droits des femmes).

L'analyse de la maternité proposée dans cet ouvrage et, plus largement, de la parentalité tardive se démarque de ces lectures. D'abord parce qu'elle met l'accent sur les formes les plus ordinaires, et en même temps les plus fréquentes, de maternité tardive : celles ayant lieu à la quarantaine passée. Car s'il existe des maternités beaucoup plus tardives, à 60 ans et parfois plus, ainsi qu'un marché médical (privé) de la congélation d'ovocytes, si ces situations peuvent évidemment soulever nombre d'interrogations quant aux ressorts de ces pratiques et aux limites de la médecine, nul doute qu'elles restent actuellement largement marginales. Au point où l'on peut même douter qu'elles aient des répercussions sociétales.

Dans les faits, la majorité des maternités ont lieu avant 40 ans et, comparativement, les maternités après la quarantaine sont relativement peu fréquentes. Ce simple constat suffit à relativiser l'explication souvent donnée en termes d'affaiblissement des normes d'âge. S'il n'a pas l'ampleur statistique qu'on lui attribue généralement pour le décrire en problème de société, le phénomène des maternités tardives n'a pas, non plus, le caractère d'une nouveauté. Elles sont en effet beaucoup moins courantes actuellement qu'au début du XXe siècle, où elles ne posaient pas autant problème, malgré une légère augmentation depuis le milieu des années 1970.

L'intérêt porté dans cet ouvrage à la maternité tardive et, plus largement, à la parentalité tardive, ne tient pas à sa qualité de « problème social » mais, plus largement, à ce que ce phénomène nous donne à voir de la transformation du couple et de la famille mais aussi des modalités du parcours des âges dans les sociétés contemporaines. Cela revient à dire que ces situations n'ont rien d'exceptionnel – ni de hors norme – et sont même le produit de la normalité de leur époque, des manières de faire famille aujourd'hui. Ainsi, alors qu'elles étaient liées aux familles nombreuses au début du XXe siècle, les situations de maternité tardive s'observent aujourd'hui aussi bien dans des familles nombreuses (moins fréquemment toutefois) que dans des familles monoparentales, recomposées ou conjugales (malthusiennes). La parentalité tardive s'est diversifiée à mesure que la famille se transformait, avec pour conséquence une diversification de ses logiques. À côté des logiques de répétition (propres aux familles nombreuses) et des logiques de recommencement (propres aux familles plus malthusiennes), on relève aujourd'hui des logiques d'ajournement, concernant certaines personnes ayant tardivement leur premier enfant, mais aussi des logiques de refondation, liées au phénomène de recomposition familiale.

Mettre l'accent sur ces dynamiques sociales de transformation du couple et de la famille impose une autre définition du phénomène (en termes de parentalité tardive) permettant de prendre en compte autant les pères que les mères tardives, ce qui s'était jusqu'alors peu fait. L'accent exclusif sur les maternités tardives a longtemps conduit à méconnaître la question des pères tardifs. Le contexte conjugal et familial des naissances tardives était d'ailleurs lui-même peu pris en compte dans les recherches scientifiques, et l'histoire des mères y était souvent réduite à la dimension génésique d'un désir d'enfant, réalisant en quelque sorte une essence féminine. La prise en compte des pères et de leur rôle s'impose pourtant. D'une part parce que en raison du sens général de l'écart d'âge dans nos sociétés, à une mère âgée correspond généralement un père lui-même encore plus âgé, ce qui n'est pas sans enjeu pour l'éducation et la transmission. D'autre part parce que avoir un enfant se fait à deux, ce qui, au-delà de l'accès aux gamètes, implique qu'un enfant doit avoir un père. Dans certains récits de mères tardives, c'est l'absence d'homme ou leur refus de devenir père qui amène d'ailleurs certaines femmes à avoir des enfants tardivement. Rappelons enfin que la prise en considération des pères transforme aussi la perception du problème et donne une autre mesure des choses. En effet, l'analyse statistique inédite que nous avons pu réaliser[14] sur les pères tardifs fait apparaître un fait majeur pourtant ignoré : les pères contribuent plus que les mères au phénomène d'augmentation des parentalités tardives depuis les années 1980. C'est sur la base de ce constat qui conduit à relativiser l'idée que seul l'âge des mères ferait socialement problème que nous avons proposé d'interroger la parentalité tardive.

Le temps de l'engendrement

La parentalité tardive désigne le processus par lequel des hommes aussi bien que des femmes sont amenés à avoir des enfants sur le tard. Au-delà du postulat d'un défaut d'intégration des normes, cette formulation met l'accent sur les logiques temporelles et biographiques amenant les individus et les couples à être en retard, mais aussi les manières dont ils le prennent en compte et « font avec ». Au centre de cette analyse, il apparaît clairement que la parentalité tardive (ses causes et ses enjeux) est liée aux modalités d'avancement de chacun dans le parcours des âges, à la manière dont se déterminent à chaque époque la fin de la jeunesse, l'entrée en couple ou dans la vieillesse, ainsi que le faire famille, par rapport à l'articulation du travail et des autres accomplissements. On l'a vu, cette lecture en termes de parcours des âges conduit à relativiser, sans la faire disparaître, la question des normes d'âge. Elle met en avant la plasticité de celles-ci, le fait qu'elles ne sont pas seulement passivement intégrées mais sont aussi, de manière variable selon les périodes et les milieux sociaux, travaillées par les couples, les individus et leur entourage.

Dans les configurations les plus anciennes, la parentalité tardive ressort d'un calendrier imposé le plus souvent par la nature ou parfois un créateur (chapitre 1). Les enfants s'y succèdent dans une logique de répétition pour les familles nombreuses. Dans les familles plus malthusiennes où un écart d'âge plus important sépare le petit dernier du cadet, c'est une logique de recommencement qui prévaut. L'épreuve morale y est forte : les femmes se retrouvent seules face à un événement qui vient bouleverser l'ordonnancement des choses, de la transmission comme du vieillissement. Dans les configurations de familles nombreuses, l'événement prend une forme d'évidence naturelle. Il est dans l'ordre des choses d'une nature féminine vouée à l'enfantement. Les filles aînées viennent souvent en aide aux mères et les enfants sont souvent eux-mêmes ravis de cet agrandissement du cercle de famille. Si cela ne diminue en rien la charge pesant sur ces femmes, tout concourt à les amener à taire toute forme d'expression d'un regret.

Ces configurations d'engendrement par la nature ou par un créateur, qui perdurent aujourd'hui, se distinguent toutefois de celles organisées autour d'un projet et dont l'émergence se fait au tournant des années 1970. Cette période est celle de la diffusion de formes médicalisées de contraception, plus efficaces, et d'une transformation plus générale des rapports de genre qui touche le couple et la famille. Les femmes sont au centre de ces bouleversements. Elles accèdent à une autonomie et une indépendance relatives par rapport aux hommes. Plus que jamais, d'autres destins et d'autres formes d'accomplissement que la maternité deviennent possibles.

Cette période voit l'allongement de la jeunesse avec, pour corollaire, un brouillage de la définition du couple et de la famille comme institutions (chapitre 2). Le couple se construit désormais avant d'être institué par les fiançailles, tombées en désuétude, de même que le mariage. Sa définition est internalisée : *la relation* désigne la manière dont les partenaires ou conjoints vont dire ce qu'ils font ensemble et la façon dont ils la construisent au quotidien. Le passage à la famille se fait différemment. La question des enfants devient elle-même un moment de cristallisation de la relation comme une de ses qualités possibles. C'est un choix individuel et conjugal, laissant peu de place à la parentèle. Le couple ne se définit plus seulement en fonction des enfants et se construit dans une tension entre les logiques d'accomplissement individuel (le *je*) et les logiques communautaires (le *nous* conjugal).

C'est ainsi que, pris par leurs engagements, certains individus et couples ne voient pas le temps passer et se retrouvent, à l'approche de la quarantaine, confrontés à la question des enfants. Autant qu'une faiblesse des normes d'âge, c'est ici l'excès d'accomplissement positif et un rapport au temps particulier qui vient déterminer un retard. Pour d'autres, la qualité de la relation n'apparaît pas suffisante pour faire famille et il n'est pas possible de voir le conjoint en parent. Pour d'autres enfin, la relation peu stable qu'ils entretiennent n'autorise pas à parler de couple, ce qui interdit tout autant de penser à avoir des enfants. Plus de liberté gagnée dans les années 1970, mais aussi plus de contraintes, car désormais les individus doivent choisir, abandonner la certitude du programme institutionnel pour l'incertitude du choix raisonné. « Je n'étais pas sûr que ce soit la bonne personne », « Finalement, ce fut lui », autant de formules qui résument la difficulté à choisir, si tant est que l'on soit en position de pouvoir le faire. En effet, le cadre de ces contraintes n'est pas égalitaire : les femmes, qui disposent de moins de temps que les hommes pour avoir des enfants, doivent plus rapidement concilier études, carrière, consolidation d'un couple et maternité.

Dans le cadre de l'engendrement par projet, le fait d'avoir des enfants ou le moment opportun pour les avoir sont l'occasion de négociations, où s'articulent projets et engagements de chacun des conjoints et leur engagement mutuel dans le couple. C'est pourquoi ces négociations peuvent être le cadre d'épreuves individuelles et conjugales (chapitre 3). Prises par l'urgence du calendrier et confrontées aux atermoiements des hommes, les femmes tendent à poser plus rapidement la question des enfants et à précipiter les échéances. Ce cadre de négociations autour du « bon moment » permet dans les faits la synchronisation de calendriers masculins et féminins, souvent en décalage[15]. Ces négociations régulent aussi sur un mode biographique le parcours des âges : dans le jeu de négociations, la paternité prend sens par rapport à l'histoire et la trajectoire de chacun des conjoints. Les expériences conjugales et familiales antérieures, le décès de parents, l'approche de la retraite : en regard d'une conception biographique de l'existence, tout événement est susceptible d'être mis en balance, discuté et controversé pour construire la définition d'un soi authentique.

Pour autant, l'engendrement par projet ne renvoie pas seulement à la psychologie individuelle. Historiquement, il n'est jamais qu'un mode d'engendrement possible parmi d'autres. Par ailleurs, le cadre des négociations qui détermine l'entrée dans un projet est également un rapport social (de genre). Enfin, l'engagement[16] dans ce projet par le jeu des négociations correspond aussi à une coordination de ses expériences passées avec le contexte (conjugal et professionnel) du moment.

Force est de constater que le projet ne préexiste pas toujours à l'événement. Parfois, il n'émerge qu'à partir d'une conception inattendue, qui vient bouleverser l'ordre des choses et remettre la question à l'ordre du jour. Le processus d'entrée dans la parentalité tardive n'est ni linéaire ni univoque. Les négociations s'éloignent parfois du cadre formel d'une discussion entre égaux pour s'approcher d'un rapport de force explicite. Il arrive que ce rapport de force soit nettement en faveur des hommes et que ceux-ci parviennent à imposer leurs points de vue. Parfois, les hommes se dérobent ou fuient le dialogue (voire fuient physiquement). Mais, dans la plupart des cas, ils restent dans le cadre des négociations. Souvent réticents au départ, ils vont se laisser convaincre. Dans le jeu des négociations, la relation conjugale se voit requalifiée, au même titre que l'événement (décrit comme une « erreur » ou la manifestation d'un désir). Ce n'est, au final, que lorsque le couple s'accorde sur la qualification de l'événement (celle-ci prenant alors force de jugement) que le projet peut prendre forme. Les hommes les plus réticents sont alors amenés à voir autrement les choses et à s'engager fortement dans leur paternité.

La qualité de la relation, le statut de l'événement mais aussi l'âge et le moment sont parmi les nombreux éléments débattus. Dans ces discussions, les normes d'âge restent encore prégnantes. L'âge pour les femmes a d'abord la signification médicale du risque possible mais revêt aussi celle, anthropologique, d'une dernière chance d'avoir des enfants lorsqu'elles approchent la quarantaine. Pour les hommes, l'âge renvoie plutôt aux questions – tout aussi anthropologiques – de la transmission et du risque de disparition prématurée. La perception masculine de l'âge est toutefois équilibrée par celle du moment : être père à un âge avancé signifie aussi le devenir à un moment de désengagement professionnel, ce qui peut venir marquer, en positif, l'entrée dans une paternité (chapitre 4). Et, dans les faits, on retrouve dans les récits d'un grand nombre d'hommes cette image d'une chance nouvelle d'avoir eu des enfants sur le tard. Un ravissement se substitue au ravisement. Parfois, c'est en comparaison avec une expérience passée que les pères tardifs valorisent leur paternité. Pour d'autres, leur récit est plutôt celui d'un plaisir nouveau – celui du soin – et de la découverte d'une altérité. Cet enjeu est propre aux hommes ; il n'est pourtant pas sans conséquence pour leurs conjointes, qui peuvent aussi les découvrir en pères impliqués.

Faire, ensemble

En guise de conclusion finale, observons que cet ouvrage, pourtant écrit par des sociologues, ne pose pas la parentalité tardive en « problème de société ». Ce discours est, on l'a vu, partiellement faux. Il est aussi normatif. Mais, au-delà, il repose sur une vision de la société comme un tout homogène, unifié par l'intégration des normes et l'unicité des calendriers sociaux.

À ce discours nous avons imposé un constat : celui de la pluralité (relative) des formes de famille, de la négociation (variable) des normes mais aussi de la mobilité (autant imposée que choisie) des individus dans le cadre des sociétés de la modernité.

Cette analyse s'inscrit dans un ensemble de travaux qui, interrogeant la transformation du parcours des âges, avance que celui-ci laisse place à une plus grande variété et réversibilité qu'auparavant. Études, travail et carrière, famille, retraite ne s'enchaînent plus de manière aussi linéaire pour tous au fil de l'existence. L'analyse proposée ici de la transformation du couple et de la famille s'inscrit dans cette perspective. Cette logique s'observe aussi sur le versant de l'emploi, ce dont témoignent par exemple les débats autour de la retraite « à la carte », la mise en place de l'annualisation du temps de travail ou une institution de l'emploi mettant l'accent sur les compétences plus que sur la qualification et imposant, dès lors, de se former tout au long de la vie. Ces transformations dans l'emploi ont aussi des incidences sur la parentalité, puisqu'il s'y joue la synchronisation des temps sociaux, le fait que les choses tiennent ensemble et soient coordonnées par un effet d'institution, rendant plus facile pour les individus la conciliation des engagements multiples auxquels ils sont amenés. Rappelons ainsi que les débats autour des rythmes scolaires en France ont certes des enjeux marchands, touristiques et religieux, mais qu'ils mettent aussi en jeu le temps de travail des femmes (les « trois-huit » dans l'industrie ou le « mercredi libéré pour les enfants » dans les emplois de service) et la question de la garde des enfants lorsque les couples sont séparés.

Dans ce cadre de transformation des temps sociaux et du parcours des âges, la question n'est plus celle de l'intégration des normes d'âge dans une perspective culturelle. Aujourd'hui, elle se pose plutôt en termes de rapport au temps, un temps qui évolue et s'intensifie à mesure que les contraintes pesant sur les individus augmentent. Comment, dès lors, avoir le temps de tout faire ? À chaque âge, mais surtout à l'âge adulte de la parentalité ou à la soixantaine de la génération pivot, les individus sont confrontés à la pluralité des normes de pratique mais aussi à leur caractère parfois contradictoire. Il faut désormais pour les individus « gérer » une pluralité d'engagements (constituant en positif autant d'accomplissements) qui renvoient aussi à un fort sentiment d'obligation (comme, par exemple, dans le travail de *care* pour un parent âgé). Pas étonnant que les parents qui nous ont raconté leur vie et leurs pratiques éducatives se soient tant focalisés sur le temps, pas seulement le temps biographique qui les a conduits à faire famille sur le tard, ainsi que le temps nécessaire et contraint, exigeant et usant, pour s'occuper des enfants, mais aussi le temps qu'il leur reste encore pour demeurer présents auprès d'eux. Si le vocabulaire de la présence[17] s'impose à nous, peut-être davantage qu'à eux, même s'il revient régulièrement dans les récits recueillis, c'est qu'il renvoie aux enjeux de temporalisation soulignés à plusieurs reprises dans cet ouvrage. La présence parentale n'est pas simplement une prise en charge matérielle, morale et éducative au quotidien et au présent, elle impose une relecture des éléments biographiques au moment des engagements, des choix ou des renoncements. Et la manière dont est assurée cette présence parentale s'analyse également à l'aune de cette histoire passée et des dispositions qu'elle a engendrées singulièrement pour les uns et les autres. Cela oblige à anticiper et à se responsabiliser, pour envisager cet enfant que l'on projette en famille ou pour faire des choix éducatifs au-delà du moment présent. La présence parentale en ce sens constitue une activation et une actualisation constante du projet élaboré au départ. Cette présence des parents auprès de leurs enfants nés sur le tard n'est pas univoque, on a vu qu'elle s'exerçait différemment selon les situations. Peut-être qu'en insistant sur les logiques biographiques nous n'avons pas suffisamment rappelé l'importance des situations sociales et économiques pour comprendre les différences d'engagement et de présence. En tout cas, il nous semblait important de mettre en avant ce nouveau rapport au temps enjoignant aux individus d'articuler leur histoire et le futur qu'ils préparent à leurs enfants, à partir de leurs actions et choix présents.

Plus d'engagement et de contraintes, une synchronisation moindre par les institutions : dans les sociétés de la modernité, les ajustements prennent souvent le caractère local d'une coordination des actions, d'une rencontre entre deux partenaires ou d'une négociation conjugale permettant, par exemple, la synchronisation des calendriers. Les normes n'en sont pas absentes mais elles ne sont plus considérées comme allant de soi ; elles n'ont plus valeur d'obligation mais sont, en quelque sorte, reconnues et travaillées par les individus, participant ainsi de la fabrication du soi. Sans doute, d'ailleurs, cette transformation du rapport aux normes d'âge vaut-elle tout autant pour le genre (choisir son sexe malgré l'état civil), la parentalité (avoir le choix de ne pas avoir d'enfant) ou parfois la santé (avoir la liberté de fumer). Ces variables d'état civil, comme disent les sociologues pour désigner leur force d'institution, n'existent pas *en soi* mais comme des conventions réalisées dans le jeu des institutions et comme pratiques construites parfois contre l'institution, ce qui n'implique pas qu'elles soient moins encadrées par « la société ».

La parentalité tardive n'est donc pas un « problème de société » si l'on entend par là qu'elle serait un « problème pour la société ». Les négociations dont elle est le lieu et qui rendent possible d'avoir un enfant sur le tard marquent les formes particulières de coordination de l'action sous contrainte dans les sociétés contemporaines. La parentalité tardive est, en ce sens, le produit de son époque. Mais ces négociations engagent aussi des définitions du bien commun, de ce qui est juste et de ce qui est bon pour un enfant. En cherchant à « faire au mieux », les parents tardifs contribuent ainsi à leur manière au bien commun.

Notes

Introduction
La parentalité tardive au-delà des normes

1. Daguet F., « Maman après 40 ans », *Données sociales*, Insee, 1999.

2. L'analyse proposée dans cet ouvrage repose sur deux enquêtes distinctes. La première, menée avec la collaboration d'Arnaud Régnier-Loilier, est de type statistique et s'appuie sur un traitement secondaire de l'Enquête sur l'histoire familiale (EHF-99) de l'Insee pour dégager les caractéristiques socio-démographiques du phénomène sur près d'un siècle. La seconde est une enquête de type qualitative, ayant procédé par entretiens auprès de parents tardifs, pères et/ou mères, adoptants ou non, de différentes générations et milieux sociaux. Quarante-neuf entretiens ont été réalisés, parfois auprès des deux membres du couple, parfois auprès d'un seul en fonction de la pertinence. Ces entretiens avaient pour objectif de reconstituer la biographie des personnes, le contexte professionnel et conjugal de leur entrée dans la parentalité tardive mais aussi leurs doutes et hésitations du moment, ce qui explique la longueur de certains de ces entretiens où les personnes se sont en quelque sorte confiées. Nous tenons à les remercier très vivement pour leur collaboration, de même que les collègues qui ont contribué d'une manière ou d'une autre à cette recherche. Pour une présentation détaillée des résultats statistiques, nous invitons le lecteur à consulter : Bessin M., Levilain H., avec la collaboration de Régnier-Loilier A., *La Parentalité tardive. Logiques biographiques et pratiques éducatives*, Dossier d'études, n° 67, Cnaf, 2005 ; Bessin M., Levilain H., Régnier-Loilier A. : « Avoir des enfants "sur le tard". Une exploration statistique de la "parenté tardive" à partir de l'EHF 1999 », *in* Lefèvre C. et Filhon A.

(dir.) : *Histoires de familles, histoires familiales. Résultats de l'enquête Famille de 1999, Les Cahiers de l'Ined*, n° 156, Paris, 2005.

3. Précisons que nous ne reprenons pas ces bornes à notre compte en considérant qu'au-delà de cet âge on serait « vieille » ou « vieux ». La borne de 40 ans pour les femmes est celle qui est donnée par la plupart des personnes dans l'enquête permanente sur les conditions de vie (EPCV) de 1998 comme la borne limite souhaitable pour ne plus avoir d'enfant. C'est aussi un chiffre rond souvent utilisé dans les médias pour décrire la maternité tardive. Il fonctionne aussi comme seuil d'entrée dans la préménopause. Pour les hommes, la borne de 45 ans apparaît également dans l'enquête EPCV. Elle est aussi pertinente car avoir un enfant à 45 ans amène à avoir 65 ans à ses 20 ans, c'est-à-dire au moment où la question de la retraite et de l'entrée en vieillesse se pose.

4. Bozon M., « Les femmes et l'écart d'âge entre conjoints : une domination consentie », *Population*, vol. 45, n° 2 & 3, 1990.

5. Bessin M., Levilain H., Régnier-Loilier A., 2005, *op. cit.*

6. Bessin M. (dir.), *Autopsie du service militaire (1965-2001)*, Paris, Autrement, 2002.

7. Bessin M., « Les paradigmes de la synchronisation : le cas des calendriers biographiques », *Information sur les sciences sociales*, vol. 36, n° 1, mars 1997. Levilain H., « Le parcours des âges au regard de la parentalité tardive. Régulation biographique et synchronisation négociée », *Le Portique*, n° 21 (« Les âges de la vie »), 2008, en ligne : http://leportique.revues.org/index1813.html.

La parentalité tardive des années 1960 : le *tardillon* et le *redo*

1. Le travail de *care* englobe toutes les activités morales et matérielles qui répondent concrètement aux besoins des autres (les enfants, les parents, les proches ou les usagers dans des contextes institutionnels, en tout cas potentiellement tout un chacun dans la mesure où « nous sommes tous vulnérables », comme le rappelle Patricia Paperman) en mêlant la sollicitude et la disponibilité nécessaires pour identifier ce qu'il faut mettre en pratique pour les accompagner et les aider. Dans la division sexuelle du travail, cette présence sociale est assignée aux femmes, qui assurent très largement, dans le domaine privé comme public, ce souci des autres. Laugier S., Molinier P., Paperman P. (éd.), *Qu'est-ce que le* care *? Souci des autres, sensibilité, responsabilité*, Paris, Payot, 2009. Pour une synthèse sur les perspectives philosophiques et sociologiques de la prise en compte du *care* dans la vie ordinaire : Garrau M., Le Goff A., Care, *justice, dépendance. Introduction aux théories du* care, Paris, PUF, coll. « Philosophies », 2010.

2. Boltanski L., *La Condition fœtale. Une sociologie de l'engendrement et de l'avortement*, Paris, Gallimard, coll. « Essais », 2004.

3. Moulinié V., *La Chirurgie des âges. Corps, sexualité et représentation du sang*, Paris, Mission du patrimoine ethnologique, Éditions de la Maison des sciences de l'homme, 1998.

4. Ces déterminations sont loin d'avoir disparu, et sans doute pourrait-on dire qu'avec la flexibilité des emplois et l'injonction à la mobilité, elles ont une importance croissante. Relevons que cet éloignement est une caractéristique de beaucoup de métiers : on peut penser aux enseignants ou aux militaires (l'institution militaire a forgé le concept de célibat géographique pour décrire et prendre en compte ce phénomène). Si ces situations sont contraignantes et difficiles à vivre sur le plan personnel et affectif, il reste que, dans le cadre contemporain, elles tendent à s'inscrire dans le jeu d'une épreuve individuelle et conjugale, celle du choix d'accepter de faire, pour un temps plus ou moins long, des sacrifices.

5. Reprenant les travaux de Jacques Bertillon, Étienne Van de Walle montre qu'au XIXe les départements connaissant les plus forts taux de contraception sont les départements agricoles où, généralement, l'héritier est un enfant unique – l'historien P. Ariès qualifiant cette structure démographique d'« évaporation humaine ». Van de Walle É., « La fécondité française au XIXe siècle », *Communications* (« Dénatalité : l'antériorité française, 1800-1914 »), n° 44, 1986.

6. Boltanski L., 2004, *op. cit.*

7. Voir à cet égard les travaux de Pierre Bourdieu sur la société paysanne béarnaise dans les années 1960 dans Bourdieu P., *Le Bal des célibataires. Crise de la société paysanne en Béarn*, Paris, Seuil, 2002.

8. À l'entrée « affaires », le dictionnaire de l'Académie (disponible sur Internet) oppose les hommes qui font des affaires, aux femmes qui ont leurs affaires.

9. Corbin A., « La rencontre des corps », *in* Corbin A., Courtin J.-J., Vigarello G., *Histoire du corps*, t. II, Paris, Seuil, 2005.

10. La période contemporaine n'est, de ce point de vue, pas plus « libérée » qu'auparavant, et les femmes de 40 ans et plus sont prises entre deux discours opposés : celui qui les constitue en objets de fantasmes adolescents (MILF) et médiatiques (femmes « cougars ») et, à l'inverse, celui qui les invite à laisser dans la sphère privée toute forme d'érotisation. Voir sur ce point, en mars 2012, le renvoi d'une surveillante de collège qui avait joué le rôle d'une femme « cougar » dans un clip de rap.

11. Voici par exemple ce que dit Annie Ernaux des familles nombreuses et des enfants ravisés dans les milieux populaires des années 1960 : « Les familles nombreuses autour de moi, c'était des cohortes d'enfants mal mouchés, des femmes encombrées de landaus et de sacs bourrés de nourriture qui les déhanchaient lourdement, des plaintes continuelles à la fin du mois. La grand-mère s'était laissé avoir, mais il ne fallait pas lui jeter la pierre, autrefois c'était normal, six, dix enfants, maintenant on avait évolué. Et mes oncles, mes tantes

en avaient tellement soupé de la famille nombreuse que je suis entourée de cousins uniques. Moi aussi je le suis, unique, et ravisée en plus, nom qu'on donne à une espèce particulière d'enfants nés d'un vieux désir, d'un changement d'avis de parents qui n'en voulaient pas ou plus. Première et dernière, c'est sûr. J'étais persuadée d'avoir beaucoup de chance. » Ernaux A., « La femme gelée », in *Écrire la vie*, Paris, Gallimard, coll. « Quarto », 2011, p. 327.
12. Dans les générations suivantes, les médecins sont moins présents et semblent avoir moins de poids. C'est désormais la contraception et l'avortement qui organisent les discours sur la grossesse, ou encore la question du désir et des discussions conjugales autour de l'événement.

Faire famille autrement

1. Leridon H. *et al.*, *La Seconde Révolution contraceptive. La régulation des naissances en France de 1950 à 1985, Les Cahiers de l'Ined*, n° 117, Paris, PUF, 1987 (rééd. 1999).
2. McLaren A., *Histoire de la contraception de l'Antiquité à nos jours*, Paris, Noêsis, 1996.
3. Selon la célèbre formule de Bourdieu et Darbel : avec la diffusion de la contraception, « la fécondité apparaît comme le résultat d'une double négation : avoir des enfants, ce n'est pas avoir voulu des enfants, c'est n'avoir pas voulu (absolument et par tous les moyens) n'en pas avoir ». Voir Bourdieu P., Darbel A., « La fin d'un malthusianisme ? », *in* Darras, *Le Partage des bénéfices : expansion et inégalités en France*, Paris, Minuit, 1966.
4. Au fil des transformations des modalités du parcours des âges, ce sont aussi les représentations de l'avenir – de son propre vieillissement mais aussi de l'avenir de ses enfants – qui se transforment. Ce qui caractérise ainsi la société salariale du XXe siècle, c'est qu'en organisant le parcours de vie par le biais de mécanismes redistributifs permettant de garantir un certain niveau de couverture sociale et assurant une justice relative dans la répartition des richesses (on est dans une société de croissance), elle va permettre au plus grand nombre de lever l'incertitude du lendemain, qui a longtemps caractérisé les mondes ouvriers et paysans.
5. En 1946, 3 % des filles de 20 ans étaient scolarisées contre 6 % des garçons. En 1962, la situation s'est équilibrée pour les filles comme les garçons à 11 % (avec toutefois un effet de structure quant au type d'études, plus longues pour les garçons) et, en 1975, de l'ordre également de 20 % au même âge. En 1996, le taux de scolarisation féminin est supérieur au masculin. Sur ce point voir Estrade M.-A., Minni C., « La hausse du niveau de formation. La durée des études a doublé en cinquante ans », *Insee-Première*, n° 488, sept. 1996.
6. Le taux d'activité des femmes est passé de 51,5 % en 1975 à près de 60 % en 1995, alors même qu'il baisse pour les 15-24 ans en raison de l'élévation du taux de scolarité pour cette classe d'âge. Voir : Colin C., Djider Z., Ravel C., « La parité à pas comptés », *Insee-Première*, n° 1006, mars 2005.

7. Roussel L., *La Famille incertaine*, Paris, Odile Jacob, 1989.
8. Sans qu'elles s'y réduisent, les musiques « populaires » ou de « variété » constituent comme tout produit culturel des modes d'officialisation ou de publicisation permettant de faire de problèmes d'ordre privé des problèmes publics. Elles les rendent dicibles, en proposant des mots pour le dire et un cadre d'interprétation de l'expérience. S'il s'agit d'une entreprise de normalisation des comportements et de diffusion de cette nouvelle conception du couple et de la famille, il reste que celle-ci n'est efficace qu'à la condition qu'elle soit en prise avec la réalité. Citons à titre d'exemple quelques-uns des « succès » de cette période : Pierre Perret chante en 1978 *On reste ensemble à cause des gosses*, Alain Chamfort *Mariage à l'essai* en 1976, Richard Anthony *Amoureux de ma femme* en 1974, ou encore Joe Dassin *Ça va pas changer le monde* en 1975.
9. Kaufmann J.-C., *Premier matin. Comment naît une histoire d'amour*, Paris, Armand Colin, 2002.
10. Le Pacs est une formule d'union privée, contractuelle, souvent sans cérémonie et qui régule la seule économie des biens sans prétention aucune sur l'économie de la relation : en dehors de la consanguinité telle qu'elle est encodée par le droit et de la capacité juridique, on n'y demande pas la nature de la relation ni n'impose d'engagement sur la fidélité ou l'exercice conjugal, sinon sur la forme minimale de la fixation du lieu de résidence. Le contrôle public de la relation y est aussi remarquablement faible : il n'existe pas de contrôle de la forme juridique du contrat puisque le recours à un professionnel du droit et de la transmission n'est pas obligatoire (le recours à Internet semble massif pour trouver des prototypes de formes « personnalisées » de contrat) et que le greffe n'est qu'une chambre d'enregistrement. Aucun témoin n'y est demandé. Remarquons aussi que peu de mots d'institution et de célébration accompagnent le contrat.
11. Singly F. de, *Libres ensemble*, Paris, Nathan, coll. « Essais & Recherches », 2000 ; et du même auteur, *Le Soi, le Couple et la Famille*, Paris, Nathan, 1996.
12. Cette logique de réfection morale n'est pas nouvelle et s'appuie sur différents dispositifs et institutions qui permettent d'éprouver ce sentiment de la famille. Le repas de famille en est une forme dominante et les fêtes de Noël, fêtes commerciales en même temps que religieuses, placent au centre les enfants et autour la famille élargie. À l'inverse, pourrait-on dire, les fêtes de fin d'année se célèbrent plus souvent entre amis ou en couple. Le repas de famille est une technique de fabrication de la famille, le lieu privilégié pour en dévoiler les ressorts. Les publicités étudiées par L. Spiguel montrent aussi comment la télévision a longtemps été perçue moins comme un facteur de déstructuration que comme le centre du foyer autour duquel se réunissent pour regarder le même programme parents et enfants. Le cinéma a occupé (occupe peut-être encore) cette fonction. En dehors des représentations décalées de quelques publicités, les repas familiaux (petit déjeuner et déjeuner) ne semblent

plus renvoyer à la même ferveur familiale et, depuis les agencements des cuisines américaines jusqu'aux téléphones portables, le modèle qui est donné à voir de la famille est celui d'une institution ponctuelle, existant de manière forte pour laisser ensuite chacun à ses engagements.

13. Voir par exemple les émissions de Jean-Luc Delarue ou de Mireille Dumas et leurs analyses dans Mehl D., *La Bonne Parole. Quand les psys plaident dans les médias*, Paris, La Martinière, 2003 ; Trépos J.-Y., *La Sociologie de l'expertise*, Paris, PUF, coll. « Que sais-je ? », 1996.

14. Bajos N., Ferrand M., « La contraception, levier réel ou symbolique de la domination masculine ? », *Sciences sociales et santé*, vol. 22, n° 3, septembre 2004. Desjeux C., « La pilule hormonale féminine. De la fécondité "féminine" à la fécondité "conjugale" », *Socio-logos*, n° 3, 2008.

15. Anthony Giddens parle de sexualité plastique pour qualifier cette dissociation de la sexualité de la reproduction et sa plasticité à d'autres enjeux. Voir Giddens A., *La Transformation de l'intimité*, Paris, Hachette, coll. « Pluriel », 2006.

16. La télévision, qui se diffuse fortement à l'époque, a sans doute été un moyen d'une forme de proto-politisation permettant de constituer les problèmes des femmes en une cause universelle, même si c'est en les pensant d'abord en tant que conjointes ou mères. L'émission *Aujourd'hui madame* diffusée sur la deuxième chaîne de l'ORTF jusque dans les années 1980 constitue un bon exemple de cette plasticité puisque y seront abordés, au fil d'autres thèmes, « Les femmes en 1970 » (01/01/1971), « Affaire talc Morhange » (15/09/1972), « L'éducation sexuelle » (14/11/1972), « Les femmes divorcées et la Sécurité sociale » (28/11/1972), « Martine change de nez (*sic*) » (26/09/1972), « La frigidité » (24/05/1973), « L'éducation sexuelle » (04/01/1973), « L'amour au 3e âge » (26/06/1975), « Mais avec qui les jeunes hommes perdent-ils leur virginité ? » (23/06/1976). Source Ina : http://www.ina.fr.

17. Willemez L., « *Perseverare Diabolicum* : l'engagement militant à l'épreuve du vieillissement social », *Lien social et politiques*, Riac, n° 51 (« Engagement social et politique dans le parcours de vie »), 2004.

18. La conservation de la mémoire fait l'objet d'une division du travail et il n'est pas rare de trouver dans des familles une personne qui se charge de son entretien en même temps que du rappel de l'âge. Or, ce rapport au temps est constitutif des constructions sexuées (voir Bessin M., Gaudart C. (dir.), « Les temps sexués de l'activité », *Temporalités*, 2009, en ligne sur revues.org) : c'est souvent la femme dans le couple qui va ainsi conserver les albums photo (jusqu'à l'invention de l'appareil numérique qui l'a fait quelque peu disparaître ?), se souvenir des dates de naissance, envoyer des cartes ou téléphoner, informer les uns et les autres des situations de chacun.

19. Se détacher – plus que prendre de la distance – par opposition aux attachements. Les personnes ayant connu une forte mobilité sociale ascendante (ce que la sociologie appelle déclassement par le haut) se sentent souvent

entre deux, en tension entre les attachements que l'on a conservés et l'impossibilité d'apprécier et d'aimer ce dont on s'est éloigné. Cette tension – qui peut se vivre comme une trahison ou une haine de tout ce qui vient de là d'où on vient – est au centre de nombreux films ou romans, et tout particulièrement ceux d'Annie Ernaux. Voir, par exemple, Ernaux A., *Écrire la vie*, Paris, Gallimard, coll. « Quarto », 2011.

20. Sur cette distinction entre fécondité forcée et fécondité choisie, voir la discussion parlementaire : http://www.assemblee-nationale.fr/histoire/1967_legalisation_pilule/audition_bourdieu.asp.

21. Boltanski L., 2004, *op. cit.*

22. Sur le rapport à l'amniocentèse dans cette période et l'encadrement normatif des âges de la grossesse, on se reportera au travail précurseur de Valabrègue C., Berger-Forestier C., Langevin A., *Ces maternités que l'on dit tardives*, Paris, Laffont, 1982.

23. « Puisque existe la possibilité de choisir quand va arriver l'enfant, il faut créer les conditions les plus favorables à son accueil : un couple parental, stable affectivement, psychologiquement et matériellement, cette naissance s'inscrivant dans un projet parental, et survenant au bon moment des trajectoires professionnelles des deux parents » : Bajos N., Ferrand M., « L'avortement et la nouvelle norme procréative », *Sociétés contemporaines*, n° 1, 2006.

Une épreuve pour soi et le couple

1. Valabrègue C., Berger-Forestier C., Langevin A., *op. cit.*

2. Thévenot L., *L'Action au pluriel. Sociologie des régimes d'engagement*, Paris, La Découverte, 2006.

3. Levilain H., « Le parcours des âges... », *op. cit.*

4. Le miroir est un symbole récurrent du vieillissement. Dans les publicités pour les produits cosmétiques, c'est souvent dans le reflet du miroir que les individus – majoritairement des femmes mais, de plus en plus souvent, des hommes – découvrent les ravages du temps. Ce faisant, la publicité nous sensibilise et même nous apprend à visualiser et suivre les effets du vieillissement pour nous inciter à les prévenir. L'efficacité scientifiquement prouvée des cosmétiques dans la lutte contre le vieillissement a pour condition que chacun puisse lire sur son corps la nécessité d'y recourir ; que chacun devienne, pour reprendre l'expression de P. Pinell, « la sentinelle de son propre corps ». C'est ainsi que les nombreuses mesures n'ont pas seulement une vertu rhétorique, elles jouent souvent sur un double registre positif en même temps qu'incarné : la profondeur des rides, la tonicité ou l'éclat de la peau se voient autant qu'ils se mesurent et peuvent s'exprimer en pourcentages. Et, bien évidemment, le miroir est un acteur essentiel du conte de fées *Blanche-Neige* des frères Grimm, largement popularisé par les studios Disney. Celui-ci peut être analysé comme un conte œdipien, moral et initiatique : il s'y joue la transmission

symbolique de la marâtre à la belle-fille, au travers du miroir, de la pomme, du sang, du travail (en particulier ménager), des nains et du beau prince.

5. Si l'on peut parler d'étape de la vie, c'est bien en raison du caractère dynamique de l'âge. Celui-ci n'a pas seulement une dimension individuelle : il positionne l'individu dans le parcours de vie en l'inscrivant dans une génération, laquelle est à la fois le partage d'une même expérience historique (avoir eu 30 ans en 1968 ou 18 ans en 1981) et le partage d'une même expérience existentielle que la culture va mettre en forme, au travers de films (*Le Quart d'heure américain*) ou de BD (*Changement d'herbage réjouit les veaux*) ou encore de romans (*Les Petits Enfants du siècle*).

6. Nous n'avons pas dans notre population de couples à la fois en situation d'égalité relative et de concurrence, comme pourrait l'être, par exemple, un couple d'universitaires. Mais sans doute verrait-on alors les difficultés qu'il peut y avoir à articuler deux calendriers professionnels rendus d'autant plus concurrents qu'ils s'inscrivent dans le même univers et répondent à un même déroulement de carrière.

7. En nuance par rapport à Thévenot (2006), nous préférons parler d'interprétation plutôt que de jugement, car celle-ci nous semble plus proche du travail réalisé dans leur for intérieur par les individus et qui se caractérise par son indétermination, son ambivalence, bref une difficulté, dans la plupart des cas, à décider de manière certaine ce qu'il en est d'une relation ou d'une erreur technique. Ce qui n'exclut pas ensuite de parler de jugement lorsque les interprétations sont stabilisées dans le cadre conjugal, que les choses sont ainsi tranchées et que la décision est fermement prise comme expression d'une logique de couple ou schisme par rapport à celle-ci.

8. Les nombreux travaux épidémiologiques et sociologiques s'intéressant aux inégalités de santé montrent bien les fortes disparités en matière de recours aux soins. Le primo-recours au spécialiste, la fréquence des consultations médicales, les dépenses d'optique ou de chirurgie dentaire croissent ainsi des ouvriers aux cadres supérieurs (sur ce point, nous invitons le lecteur à consulter le site http://www.inegalites.fr/ ainsi qu'à lire Bihr A. et Pfefferkorn R., *Déchiffrer les inégalités*, Paris, Syros-La Découverte, coll. « Alternatives économiques » (2e éd, 1999).

9. L'échantillon de l'enquête ne contient aucun homme assumant seul la charge de la parentalité qu'elle l'ait été ou non par adoption (ce qui n'est pas le cas des femmes, dont certaines sont devenues mères tardivement en dehors d'un couple, soit par conception soit encore par adoption). L'explication de cet écart est complexe : elle peut renvoyer à la dissymétrie entre homme et femme : une femme peut avoir « biologiquement » un enfant seule ce qui n'est pas le cas d'un homme. Les femmes ont sans doute un accès plus facile à l'adoption (en regard des hommes toujours susceptibles d'être vus comme pédophiles, en tout cas d'avoir des intérêts suspects hors d'un cadre classique). Mais on pourrait tout aussi bien y voir une inégalité à rebours : une

femme dispose de moins de temps que les hommes pour avoir des enfants, ce qui suppose une accélération des moyens pour lui permettre d'accéder à la parentalité. Bénéficiant d'un calendrier de conception moins resserré, les hommes bénéficient aussi d'un écart d'âge en leur faveur qui leur permet plus facilement d'accéder à la parentalité à un âge plus avancé avec une compagne plus jeune.

10. Becker H. S., « Sur le concept d'engagement », *SociologieS*, mis en ligne le 22 octobre 2006 : http://sociologies.revues.org/642.

Devenir parent tardif

1. Boutinet J.-P. : *Anthropologie du projet*, Paris, PUF, coll. « Psychologie d'aujourd'hui », 1990. Boltanski L., Chiapello E., *Le Nouvel Esprit du capitalisme*, Paris, Gallimard, 1999.

2. Il ne faut pas opposer des situations a priori *à épreuve* à d'autres qui seraient *a priori sans épreuve* : l'épreuve constitue un cadre de discussion et d'argumentation toujours susceptible de s'installer par une remarque qui engendre une dispute où les acteurs vont se grandir ou diminuer, construire des compromis.

3. Cette caractéristique ne s'explique pas seulement par la génération : Jules, par exemple, est né dans les années 1930, la même année que Louis. Et Roland, figure la plus atypique de nos récits, est plus jeune qu'eux de sept ans, ce qui fait qu'il est plus « jeune » qu'eux dans les années 1970 mais socialement plus « vieux » du fait de ses origines paysannes. On peut ainsi observer des positionnements différents par rapport à la famille mais il est difficile de les réduire aux seuls effets de génération sans prendre en compte l'origine sociale des individus mais aussi les effets de trajectoire. Car Jules et Louis ont le même âge, la distance sociale entre eux est moindre (l'un est centralien, le second est cadre mais aussi militant syndical CFDT) qu'avec Roland, et pourtant leurs récits renvoient à des conceptions et à des formes différentes de famille (mono-conjugales pour le premier, recomposées pour le second) et dans lesquelles bien sûr le vocabulaire du projet n'occupe pas la même place. Bref, il ne faut pas supposer que toutes les familles seraient pensées toujours à partir du même modèle de légitimité.

4. Weber F., *Le Sang, le Nom, le Quotidien : une sociologie de la parenté pratique*, La Courneuve, Éditions Aux lieux d'être, 2005.

5. Le déclin de la paysannerie française, qui ne s'arrête pas aujourd'hui et se traduit parfois par une grande misère dans les campagnes, est aujourd'hui bien documenté. Voir sur ce point les travaux de P. Bourdieu (2002) et P. Champagne (2002), mais aussi *Profils paysans* de Raymond Depardon, ainsi que l'émission radiophonique *Les Pieds sur terre* de France Culture du 6 octobre 2011.

6. La mise en place des retraites dans le cadre de l'État social substitue un mécanisme statistique, impersonnel et bureaucratique à celui personnalisé qui

caractérise par exemple les sociétés paysannes (on passe la main à son fils ou beau-fils). Dans un cas, l'héritier hérite de l'héritage, dans l'autre, l'accès à l'emploi se détermine par le jeu des politiques sociales et d'emploi (préretraite).

7. Goffman E., *Asiles. Études sur la condition sociale des malades mentaux et autres reclus*, Paris, Minuit, 1968.

8. Au sens de peu probable. Tous les travaux sociologiques qui, depuis René Girard, s'intéressent aux processus sociaux de mise en couple montrent la persistance d'une forte homogamie sociale. La liberté apparente de rencontre n'exclut pas l'action de mécanismes sociaux d'appariement qui font que, en moyenne, on s'unit par goût, à ce qui est proche de soi. Ce qui n'exclut pas bien sûr, à côté de fortes et lourdes régularités, des cas plus improbables, moins nombreux. Et, comme pour les tables de mobilité sociale, la compréhension de la logique des phénomènes sociaux suppose de regarder d'abord les régularités, les grandes tendances, avant les marges du tableau. Mettre l'accent sur l'un ou l'autre n'est pas seulement un choix scientifique ; il est bien souvent aussi *politique* au sens où il vient appuyer un discours sur l'ordre de la cité, tel par exemple le discours médiatique centré sur les mères tardives cadres, pour construire un discours sur l'affaiblissement des normes d'âge.

9. Les récits des parents tardifs des années 1960 font apparaître une biographie déterminée par la nature et marquée par une forme de continuité, tant dans les configurations de répétition que de recommencement.

10. Tout en se défiant de la surinterprétation, on peut observer que le récit de Louis oppose son activité professionnelle surabondante, sa méconnaissance de sa place de père et sa faible disponibilité – soit une définition négative – à une définition positive où il se pense autant (plus ?) comme mère que comme père, et se veut disponible. C'est peut-être signe de la difficulté à proposer une définition positive de ce que peut être un père, en dehors du fait d'être absent car au travail, selon les images les plus classiques d'une certaine littérature enfantine.

11. De Singly F., *Libres ensemble*, *op. cit.*

12. Le caractère aléatoire de l'adoption rend sans doute plus important encore le poids des déterminations sociales : le capital économique mais aussi le capital social ou symbolique de la généalogie permettant de « retricoter l'histoire ». Claudine va ainsi pouvoir argumenter auprès du juge brésilien qu'elle a un ancêtre lointain, amérindien d'origine, qui a été adopté au XVIIIe siècle par un de ses ancêtres.

13. Ce film de René Allio tiré d'une nouvelle de Bertolt Brecht montre une vieille dame qui, à la mort de son mari et au scandale de ses proches, va délaisser sa famille pour vivre enfin sa vie. On peut ainsi voir ce film comme la condensation de la représentation sociale du « troisième âge » qui s'impose dans les années 1960. Voir à cet égard : Veysset-Puijalon B. et Savier L., *Être vieux*, Autrement, coll. « Mutations », 1991 ; ainsi que Levilain H., « De l'hos-

pice à la PSD. Formes de contraintes pesant sur la vieillesse », *Informations sociales*, n° 82, 2000.

Conclusion

Un phénomène dans son époque

14. Bessin M., Levilain H., Régnier-Loilier A., « Avoir des enfants "sur le tard"… », *op. cit.*
15. Levilain H., « Le parcours des âges… », *op. cit.*
16. On peut ici parler d'un engagement en plan. Thévenot L., *op. cit.*
17. Bessin M., « Politiques de la présence : les enjeux temporels et sexués du *care* dans le travail social », *in* Garrau M. et Le Goff A. (dir.), *Politiser le* care *? Perspectives sociologiques et philosophiques*, Paris, Le Bord de l'eau, 2012.

Bibliographie

BAJOS N., FERRAND M., « L'avortement et la nouvelle norme procréative », *Sociétés contemporaines*, n° 1, 2006.

BAJOS N., FERRAND M., « La contraception, levier réel ou symbolique de la domination masculine ? », *Sciences sociales et santé*, vol. 22, n° 3, 2004.

BAJOS N., FERRAND M. et l'équipe Gine, *De la contraception à l'avortement. Sociologie des grossesses non prévues*, Paris, Inserm, 2002.

BARTHEZ A., « GAEC en rupture : à l'intersection du groupe domestique et du groupe professionnel », *in* WEBER F., GOJARD S., GRAMAIN A., *Charges de famille. Dépendance et parenté dans la France contemporaine*, Paris, La Découverte, 2003.

BECKER H. S., « Sur le concept d'engagement », *Sociologie* (en ligne), octobre 2006 ; http://sociologies.revues.org/642.

BERTAUX D., *Les Récits de vie*, Paris, Nathan, 1997.

BESSIN M., « Politiques de la présence : les enjeux temporels et sexués du *care* dans le travail social », *in* GARRAU M., LE GOFF A. (dir.), *Politiser le* care *? Perspectives sociologiques et philosophiques*, Paris, Le Bord de l'eau, 2012.

BESSIN M., BIDARD C., GROSSETTI M. (dir.), *Bifurcations. Les sciences sociales face aux ruptures et à l'événement*, Paris, La Découverte, 2010.

BESSIN M., LEVILAIN H., RÉGNIER-LOILIER A., « Avoir des enfants "sur le tard". Une exploration statistique de la "parenté tardive" à partir de l'EHF 1999 », *in* LEFÈVRE C., FILHON A. (dir.), *Histoires de familles, histoires familiales. Résultats de l'enquête Famille de 1999, Les Cahiers de l'Ined*, n° 156, Paris, Ined, 2005.

BESSIN M. (dir.), *Autopsie du service militaire (1965-2001)*, Paris, Autrement, 2002.

BESSIN M., « Les paradigmes de la synchronisation : le cas des calendriers biographiques », *Information sur les sciences sociales*, vol. 36, n° 1, mars 1997.

BLOCH F., BUISSON M., « La circulation du don entre générations : comment reçoit-on ? », *Communications*, n° 59, 1994.

BOLTANSKI L., *La Condition fœtale. Une sociologie de l'engendrement et de l'avortement*, Paris, Gallimard, 2004.

BOLTANSKI L., CHIAPELLO E., *Le Nouvel Esprit du capitalisme*, Paris, Gallimard, 1999.

BOURDIEU P., *Le Bal des célibataires. Crise de la société paysanne en Béarn*, Paris, Seuil, 2002.

BOUTINET J.-P., *Anthropologie du projet*, Paris, PUF, 1990.

BOZON M., « Les femmes et l'écart d'âge entre conjoints : une domination consentie », *Population*, vol. 45, n° 2 & 3, 1990.

DAGUET F., « Un siècle de fécondité française », *Insee résultats*, n° 8, 2002.

DAGUET F., « Maman après 40 ans », *Données sociales*, Insee, 1999.

DE GUIBERT-LANTOINE C., LERIDON H., « La contraception en France : un bilan après 30 ans de libéralisation », *Population*, vol. 53, n° 4, 1998.

DESJEUX C., « La pilule hormonale féminine : De la fécondité "féminine" à la fécondité "conjugale" », *Socio-logos* (en ligne), n° 3, 2008 ; http://sociologos.revues.org/1943.

DONATI P., SAMUEL O., « Les temps de la procréation féminine », *Temporalistes*, n° 43, octobre 2001.

FINE A., MOULINIÉ V., SANGOÏ J.-C., « De mère en fille. La transmission de la fécondité », *L'Homme*, n° 191, 2009.

GALLAND O., *Sociologie de la jeunesse*, Paris, Armand Colin, 1997.

GARRAU M., LE GOFF A., Care, *justice, dépendance. Introduction aux théories du* care, Paris, PUF, 2010.

KHOLI M., « Le cours de la vie comme institution sociale », *Enquête, Cahiers du Cercom*, n° 5 (« Biographie et cycle de vie »), mars 1989.

LAUGIER S., MOLINIER P., PAPERMAN P. (dir.), *Qu'est-ce que le* care *? Souci des autres, sensibilité, responsabilité*, Paris, Payot, 2009.

LERIDON H., OUSTRY P., BAJOS N. et l'équipe Cocon, « La médicalisation croissante de la contraception en France », *Population et sociétés*, n° 381, juillet-août 2002.

LEVILAIN H., « Le parcours des âges au regard de la parentalité tardive. Régulation biographique et synchronisation négociée », *Le Portique* (en ligne), n° 21, 1er semestre 2008 ; http://leportique.revues.org/index1813.html.

LEVILAIN H., « De l'hospice à la PSD. Formes de contraintes pesant sur la vieillesse », *Informations sociales*, n° 82, 2000.

MARTIAL A., *S'apparenter*, Paris, Éditions de la Maison des sciences de l'homme, 2003.

MARUANI M., REYNAUD E., *Sociologie de l'emploi*, Paris, La Découverte, 1993.

MEHL D., *Naître ? La controverse bioéthique*, Paris, Bayard, 1999.

MEULDERS-KLEIN M.-T., THÉRY I. (dir.), *Les Recompositions familiales aujourd'hui*, Paris, Nathan, 1994.

MOULINIÉ V., *La Chirurgie des âges. Corps, sexualité et représentation du sang*, Paris, Éditions de la Maison des sciences de l'homme, 1998.

SINGLY F. de, *Libres ensemble*, Paris, Nathan, 2000.

SINGLY F. de, *Le Soi, le Couple et la Famille*, Paris, Nathan, 1996.

THÉVENOT L., *L'Action au pluriel. Sociologie des régimes d'engagement*, Paris, La Découverte, 2006.

TOULEMON L., LERIDON H., « La famille idéale : combien d'enfants, à quel âge ? », *Insee Première*, n° 652, 1999.

TRÉPOS J.-Y., *La Sociologie de l'expertise*, Paris, PUF, coll. « Que sais-je ? », 1999.

VALABRÈGUE C., BERGER-FORESTIER C., LANGEVIN A., *Ces maternités que l'on dit tardives*, Paris, Laffont, 1982.

VEYSSET-PUIJALON B., SAVIER L., *Être vieux*, Paris, Autrement, 1991.

WEBER F., *Le Sang, le Nom, le Quotidien : une sociologie de la parenté pratique*, La Courneuve, Éditions Aux lieux d'être, 2005.

Table des matières

Achevé d'imprimer en août 2012 par Grafica Veneta, Italie, pour le compte des Éditions Autrement, 77, rue du Faubourg-Saint-Antoine, 75011 Paris.
Tél. : 01 44 73 80 00. Fax : 01 44 73 00 12.
Dépôt légal : septembre 2012.
N° d'édition : L.69EHAN000607.N001. ISBN : 978-2-7467-1536-3
Imprimé en Italie.